AF500903

LA FRANCE DE DEMAIN

PAR

UN PATRIOTE

PARIS
NOUVELLE LIBRAIRIE PARISIENNE
ALBERT SAVINE, ÉDITEUR
12, Rue des Pyramides, 12

LA FRANCE DE DEMAIN

A LA MÊME LIBRAIRIE

AUGUSTE CHIRAC

L'AGIOTAGE

SOUS LA TROISIÈME RÉPUBLIQUE

Troisième édition

Deux volumes in-18 jésus..... 7 francs

L'auteur se propose de faire, à grand renfort d'anecdotes scandaleuses et de noms propres, « l'histoire de tous les tripotages financiers qui ont, depuis dix-huit ans, mis à sec l'épargne publique et fait le vide dans les caisses de l'Etat. » Il suffit d'un mot pour définir le caractère de cette compilation : c'est pour la France financière le pendant de la *France juive*, de M. E. Drumont.

(*Journal des Débats*, 2 juillet.)

Un pamphlet sanglant, mais aussi un ouvrage documentaire intéressant et instructif.

Indépendance Belge, 29 juillet.)

Deux volumes dont on peut dire qu'ils sont redoutables.

(*Gazette de France*, 11 juillet).

Le livre montre, dans une argumentation serrée et inflexible jusqu'à qu l cynisme imprévoyant peuvent aller des classes dirigeantes improvisées et sans éducation préalable. Il révèle la situation intolérable faite aux *petits* par la coterie juive qui draine le capital national, sans le moindre souci des intérêts des travailleurs... Je ne puis d'ailleurs ni ne veux analyser ici ces deux volumes, bondés de faits et saisissants d'actualité douloureuse.

(*Observateur Français*, 21 juillet.)

Pamphlet en deux gros volumes, où sont impitoyablement étalés, chiffres en main, les tripotages financiers qui ont scandalisé, depuis dix-huit ans, la morale publique.

(*Nouvelle Revue*, 1er août.)

La grande volerie agioteuse s'étant perpétuée et même extensifiée sous la troisième République, Toussenel et Duchêne devaient avoir des continuateurs et les ont eus en la personne d'Auguste Chirac et d'Édouard Drumont. Du moment où les agissements des monopoleurs et des accapareurs financiers constituent un véritable danger public et se traduisent en spoliations monstrueuses, nous avons voulu appeler l'attention du public démocratique sur ces livres vengeurs.

(*L'Homme Libre*, 2 août.)

LA FRANCE DE DEMAIN

PAR

UN PATRIOTE

PARIS
NOUVELLE LIBRAIRIE PARISIENNE
ALBERT SAVINE, ÉDITEUR
12, Rue des Pyramides, 12

La France de demain

PAR

UN PATRIOTE

« J'en ai la foi profonde,
» l'espèce humaine est en
» marche pour des destinées
» de jour en jour meilleures
» et plus sereines.

» ALF. DE VIGNY. »

Que sera la France de demain?

Républicain ou monarchiste, catholique ou protestant, israélite ou libre-penseur, riche ou pauvre, il n'est pas un Français patriote qui ne fasse de cette grave question l'objet de ses méditations les plus poignantes.

Les uns l'envisagent et y répondent avec angoisse, les autres avec une imperturbable confiance dans les destinées de ce grand pays. Ni les uns ni les autres n'ont absolument tort.

L'angoisse est justifiée si l'on songe à toutes les épées de Damoclès suspendues sur nos têtes :

difficultés intérieures chaque jour croissantes; périls extérieurs qu'un événement imprévu peut faire passer en quelques heures de la conjecture à la réalité terrible.

Mais la confiance est permise aussi quand on se remémore tout ce qui a été fait depuis vingt ans pour assurer la défense de la patrie, pour aplanir les difficultés d'ordre national et conjurer les dangers qui menacent la société européenne tout entière.

Néanmoins, nous ne saurions nous dissimuler qu'il reste beaucoup à faire dans ces divers domaines. Si nous avons acquis, comme puissance militaire, une situation rassurante — justement appréciée au dehors — nous sommes loin d'avoir intégralement appliqué dans nos institutions politiques et sociales les principes de liberté individuelle, d'égalité, de justice dont nos pères de 1789 peuvent s'enorgueillir d'avoir, dans la Déclaration des droits de l'homme, formulé le code immortel.

Que de réformes dans nos mœurs et nos règlements administratifs, dans l'organisation et l'exercice des pouvoirs publics, dans l'élaboration et l'application de nos lois judiciaires, n'avons-nous pas à accomplir si nous voulons débarrasser la démocratie de toutes les entraves qui gênent encore sa marche, si nous voulons extirper les abus et faire disparaître jusqu'au dernier les privilèges qui ont subsisté jusqu'à ce jour, si nous voulons enfin réaliser l'idéal conçu par les hommes de la Révolution! Car, il faut bien le reconnaître : en dépit de son étiquette républicaine, le régime sous lequel nous vivons repose sur des règles organiques absolument incompatibles, pour la plupart, avec la réalisation de cet idéal.

Ouvrez l'oreille, satisfaits, pour qui tout est bien parce que la République de 1892 vous assure la continuation des privilèges dont vous jouissiez sous les régimes antérieurs! Ouvrez l'oreille, brasseurs de millions qui ne songez qu'à grossir vos trésors au préjudice du travailleur! Ouvrez l'oreille, despotes masqués qui, sous la cocarde républicaine et grâce à des traditions administratives surannées, perpétuez, dans les situations officielles que vous occupez, les procédés autocratiques d'autrefois! Ouvrez l'oreille, politiciens ambitieux et égoïstes qui ne voyez dans le mandat dont le peuple vous a honorés que le moyen de satisfaire un orgueil sans bornes ou de vils intérêts personnels! Ouvrez l'oreille, exploiteurs de tout rang et de toute catégorie qui trouvez dans l'arsenal des lois léguées par l'Empire et la Monarchie à la République — trop respectueuse conservatrice de ce funeste héritage — des instruments d'exploitation éhontée, d'iniquité scandaleuse : entendez la clameur qui s'élève de toutes parts contre cet ordre de choses vermoulu dont vous êtes les protagonistes et les bénéficiaires !

Ecoutez la grande voix du peuple qui crie : « Plus d'abus, plus de privilèges, plus d'injustices ! L'heure de la démocratie a sonné. Non pas l'heure d'une démocratie servile qui se contente d'étiquettes et de masques, mais celle de la démocratie vraie qui veut être souveraine enfin, qui veut asseoir dans le monde le règne de la liberté, de l'égalité, de la justice et du droit ! »

Obéissez à cette voix pendant qu'il en est temps encore. Sachez imiter la noblesse dont vous avez usurpé les privilèges sans lui emprunter aucune des vertus qui la distinguaient ; inscrivez dans les annales de la France un 4 août de la bourgeoisie !

Consentez aux sacrifices nécessaires et ne tardez pas, car demain peut-être il serait déjà trop tard.

Mais, dira-t-on, quels sont ces sacrifices, quelles sont ces réformes auxquelles il nous faut consentir ?

C'est ce que je vais essayer d'indiquer brièvement en examinant notre état politique et social, en énumérant à grands traits les améliorations essentielles qu'il est urgent d'y apporter.

République ou Monarchie ?

—

Quelques rares républicains — on sait dans quels groupes de la Chambre et du Sénat il faut les chercher, — de ceux qui ont apporté dans leur pseudo-conversion au républicanisme ce qu'un publiciste célèbre a si justement appelé « l'état d'esprit orléaniste », semblent aujourd'hui disposés à retourner à leurs premières et uniques amours. La République ne leur a pas donné ce qu'ils en attendaient. Ils n'ont pas obtenu d'elle ce qui seul la leur avait fait accepter : la possession exclusive du pouvoir, la main-mise à leur profit sur le gouvernement de la France.

Ces républicains du lendemain ne sont pas légion et leur dénombrement serait facile. Mais enfin il y en a, et leur haute situation, leur renommée politique ou littéraire, leur influence incontestable sur ce que l'on est convenu d'appeler « les classes dirigeantes » — comme si *classes dirigeantes* et *démocratie* n'étaient pas deux termes qui s'excluent l'un l'autre ! — attachent à leurs discours ou à leurs écrits une valeur qu'il serait puéril de contester.

L'un d'eux ne disait-il pas récemment : « Pour moi l'épreuve de l'institution républicaine est faite et cette épreuve la condamne. » Ce qui ne l'empêchait pas d'ajouter: « Rien n'annonce qu'elle (la République) touche à sa fin. N'a-t-elle pas fait un nouveau bail avec la fortune par sa grande victoire électorale de 1889 ? »

En effet, monsieur, rien n'annonce la fin prochaine de ce régime qui, quoi que vous en puissiez dire, sort consolidé des violents assauts qu'il a subis pendant vingt années de luttes. Sans doute — et je suis le premier à le proclamer bien haut — il ne nous a pas donné ce qu'on pouvait attendre de lui. Mais ce n'est pas dans le sens où vous l'entendez; tout au contraire. Ce qui serait de nature à le mettre en péril, ce n'est pas d'avoir porté de trop vigoureux coups de hache à l'édifice pourri des institutions créées par la Monarchie et l'Empire ; ce serait bien plutôt pour n'y avoir touché que d'une main timorée et tremblante, acceptant sans bénéfice d'inventaire, au grand dam de la démocratie, l'héritage des abus et des privilèges de toutes sortes que vous voudriez perpétuer. Ce que nous lui reprochons, nous autres — et je crois être le porte-voix de millions de citoyens français — c'est d'avoir maintenu dans ses lois, dans son organisation gouvernementale, administrative, législative et judiciaire, des dispositions qui hurlent avec ses principes.

Mais, pour quelques doctrinaires déçus qui s'apprêtent à retourner à l'orléanisme qu'ils n'ont jamais cessé de porter dans leur cœur et qui seul pourrait assouvir leur soif de domination ou leurs ambitions effrénées, combien d'honnêtes citoyens, de bons patriotes retenus jusqu'ici dans les lacs de la Monarchie par leurs attaches de famille, leur éducation, leurs préventions de caste, leurs affections naturelles, viennent à la République franchement, sans arrière-pensée, parce qu'ils sentent qu'elle est désormais le seul régime viable en France, le seul compatible avec les tendances de l'esprit national et les besoins de la société moderne !

Je ne parlerai pas des adhésions récentes que nous avons vu se produire au sein d'un groupe qui compte les politiciens les plus éminents du parti des princes. Celles qui nous viennent de jeunes hommes encore à peine mêlés à nos luttes me semblent avoir une importance au moins égale et revêtir en tout cas un caractère de sincérité que n'ont peut-être pas au même degré les déclarations des vieux routiers du royalisme.

C'est à ce titre que je citerai quelques passages d'une brochure intitulée *Actualités politiques*, publiée l'an dernier par le comte Pierre de Moucheron.

Voici ce qu'on peut lire, entre autres, dans ce très intéressant opuscule :

« Y a-t-il vraiment lieu de gémir sur les régimes disparus ? Avaient-ils donc encore une mission civilisatrice à remplir parmi nous ? Nous réservaient-ils, enfin, de nouveaux jours de gloire et surtout des jours de bonheur ?... L'Empire n'a été qu'un épisode offrant aux yeux étonnés des alternatives de splendeurs et de désastres sans exemple... Ses partisans désemparés invoquent tour à tour l'hérédité, l'appel au peuple ; et, comme si ces deux propositions n'étaient pas suffisamment contradictoires, ils nous offrent, comme exemple de discipline et de légitimité, un fils... insurgé contre son père.

» L'essai de dictature esquissé par le général Boulanger, grâce à l'appui de tous les mécontents, n'a pas été assez heureux pour tenter de longtemps quelque autre amateur. Il faut pour jouer ce rôle un tel ensemble de qualités, un tel concours de circonstances, des hommes si décidés, une heure si précise, qu'il ne semble pas que notre fin de siècle doive revoir une agitation de cette nature [1].

» Reste donc seule debout la Monarchie française..... Il faut oublier à dessein les enseignements de l'histoire les plus éloquents pour conserver quelque illusion sur la ruine de la royauté ou en confier le rétablissement à la famille d'Orléans.....

» Qu'a-t-on parlé d'héritage, de testament politique, de successeur désigné ? Le baiser de Frohsdorff, *c'était le pardon d'un chrétien*, l'adieu d'un parent ; ce n'était pas l'accolade d'un roi. Mieux eût valu s'incliner devant l'arrêt du destin et trouver une consolation à la fin d'une glorieuse dynastie en la voyant s'éteindre dans une pure et grande figure, qui a forcé le respect de ses pires adversaires et mérité que, sur son cercueil, flottât pour la dernière fois le drapeau de Jeanne d'Arc.

» Les forces du parti monarchique sont impuissantes, comme tout ce qui manque d'unité, de cohésion et aussi, il faut bien le dire, de foi..... Le comte de Paris est le chef reconnu de ce grand parti..... Il faudrait pour le ramener sur le trône des catastrophes

---

1. Je ne partage pas sur ce point l'opinion de M. de Moucheron et j'en donne les raisons dans les pages qu'on va lire.

au moins égales à celles qui ont renversé l'Empire. et aucun politique sensé ne peut accepter la responsabilité de hâter cette pêche en eau trouble. Moins fortuné que les autres prétendants, ce n'est pas seulement par ses ennemis qu'il est trahi, mais par les plus éminents parmi ses parents et ses amis : « Rien dans les traditions de ma famille ne me sépare de la République », a dit le duc d'Aumale à ses électeurs. Et le plus grand écrivain royaliste ne craignait pas de faire entendre ces paroles : « La vérité est que, selon la rigueur du droit religieux, royal et même simplement civil, la maison d'Orléans est entachée de forfaiture et que ses princes, sans exception, ont perdu la qualité d'héritier. »

Voilà, je pense, des déclarations qui ont leur valeur si l'on songe à l'origine et à la situation sociale de celui qui les fait. Mais le jeune écrivain ne s'arrête pas là, et c'est parce qu'il exprime en excellents termes une idée dont on trouvera plus loin le développement circonstancié que j'emprunte encore à son opuscule cette éloquente page :

« La consolidation de l'édifice républicain en France rentre, du reste, dans un ordre de choses que, le voulût-on ou non, il faudra subir un jour, je veux parler de la confédération des Etats de l'Europe occidentale ou, pour employer une formule plus succincte, de la RÉPUBLIQUE UNIVERSELLE.

» On va sourire à ces mots-là, mais peu à peu ils deviendront d'usage courant et l'on s'y habituera.

» On rit aussi des Congrès de la paix : il n'en est pas moins vrai qu'ils se propagent dans toutes les nations et qu'il faudra bientôt compter avec eux... Il fut un temps où les chevalets et les roues, les tenailles et les bûchers, les haches et les billots, tous les instruments de torture, en un mot, s'étalaient au grand jour sous la protection des lois. Ils sont aujourd'hui relégués dans les musées. J'ai la conviction qu'on y verra un jour les canons et les obus, les mitrailleuses et les balles, tous les engins de destruction, restes de la barbarie des autres âges, dont l'achat et l'entretien constituent une charge ruineuse pour les pays civilisés. On s'étonnera que si longtemps les peuples aient souffert ces excès ; et le dominicain brûlant quelque hérétique dont les discours eussent pu tourner la tête à un trop grand nombre d'exaltés, paraîtra à peine plus fanatique que le conquérant envoyant à la boucherie des milliers de jeunes hommes pleins d'espérance et de santé.

» Déjà (et la République dût-elle n'avoir que cette conséquence on devrait l'en bénir), déjà les peuples, mieux instruits, doutent que la guerre soit indispensable ; ils ne se croient pas obligés de se haïr parce qu'un fleuve les sépare ; le socialisme apporte partout avec lui la fraternité des peuples, et les découvertes de la science, qui ont transformé déjà les idées et les choses, transformeront aussi les mœurs. »

Ceci posé — et le maintien de la République ne pouvant être sérieusement mis en doute — que doit être ce régime et que sera-t-il demain selon toutes probabilités ?

Chaque parti a sa formule : « La République sera conservatrice ou elle ne sera pas », dit l'un. « La République sera opportuniste ou elle sombrera dans le désordre et l'anarchie ; la République sera radicale ou elle pataugera indéfiniment dans le marais infect du *statu quo* ; la République sera socialiste ou elle périra dans un cataclysme à côté duquel la révolution de 1789 et le règne de la Terreur n'auront été que de pâles événements », clament les autres.

Eh bien ! voulez-vous mon avis : la République sera tout à la fois progressiste et sage, ne regardant pas en arrière mais toujours en avant, assurant prudemment sa marche mais ne s'arrêtant jamais sur la voie du progrès et des réformes.

On objectera que ma formule ne s'écarte guère de celle de l'opportunisme. Cela se peut. Je ne me défends pas d'avoir toujours considéré la méthode dont Gambetta fut l'initiateur et le vaillant apôtre, comme le seul procédé politique capable d'asseoir définitivement en France le régime républicain et d'y assurer le triomphe final de la démocratie.

Mais, entendons-nous bien : il ne s'agit en aucune façon de ce genre d'opportunisme qu'excellent à exploiter aujourd'hui certains hommes qui se disent les fidèles disciples du regretté tribun et qui s'éloignent autant de sa doctrine et de ses enseignements que l'ultramontanisme s'est écarté des enseignements et de la doctrine du Christ. Non ! cet opportunisme-là est abhorré avec raison de l'immense majorité des démocrates français, qui n'entendent pas avoir fait trois révolutions, brisé des trônes, chassé des rois et des empereurs pour subir patiemment la domination plus ou moins arrogante de quelques douzaines de politiciens affublés du masque démocratique. La France en a assez du pseudo-républicanisme de ces *faiseurs*, qui se bornent à substituer leurs personnalités encombrantes et autoritaires aux monarques dont elle s'est débarrassée afin de devenir maîtresse d'elle-même, qui prétendent mener le peuple à la lisière, lui imposer leurs candidats à la députation, lui faire élire les sénateurs de leur choix, qui ont fait du népotisme un système de gouvernement et qui finiraient, si l'on n'y mettait le holà, par tuer la République.

N'est-ce pas à leurs agissements détestables que le parlementarisme doit le discrédit dans lequel il est tombé ? Qu'on y prenne garde ! Sous l'apparence du calme dans lequel se recueille l'opinion publique règne partout un amer et profond mécontentement. Le feu couve sous la cendre. Qu'un vent propice vienne à balayer celle-ci, et l'on verra la flamme jaillir de nouveau menaçant d'embraser l'édifice si péniblement reconstruit par les républicains de principes.

Dans ses *Actualités politiques*, M. de Moucheron exprime la conviction que notre fin de siècle ne reverra pas une agitation semblable à celle qui faillit, il y a trois ans, nous conduire à la dictature du général Boulanger, plonger la France dans l'anarchie et infliger à la République une irréparable défaite. Je ne partage nullement cet optimisme robuste. Je suis persuadé au contraire que la graine des Boulanger n'est point morte, qu'elle germe dans l'ombre et qu'il suffirait d'une circonstance favorable pour la faire lever plus vivace, plus puissante que jamais. Tant que les pouvoirs publics se complairont dans l'inertie où ils sont demeurés jusqu'à ce jour en matière de réformes essentielles ; aussi longtemps qu'ils n'auront pas satisfait dans la plus large mesure possible aux légitimes revendications des travailleurs qui souffrent de l'exploitation dont ils sont les victimes, qui pâtissent des abus monstrueux, des privilèges révoltants que la République laisse subsister ; aussi longtemps qu'on n'aura pas refondu notre système d'impôts si scandaleusement inique, assuré l'application rigoureusement égale pour tous des lois civiles et pénales, les Boulanger seront à craindre.

Mais, à côté des réformes proprement dites, c'est-à-dire celles portant sur les lois et les institutions elles-mêmes, il y aurait tout d'abord à corriger profondément et radicalement nos mœurs administratives. Il semblerait qu'en France, ce ne soit pas le fonctionnaire qui ait été créé pour exercer certaines fonctions, pour vaquer à certains services publics, mais que ce soit bien plutôt le service public ou la fonction qui ait été instituée pour permettre à quelques bonshommes de se prélasser sur de moelleux ronds de cuir, pour y tailler leurs crayons et leurs plumes d'oie à la barbe de l'administré qui attend humblement devant le guichet ou le fauteuil du haut personnage que celui-ci daigne s'occuper de son affaire.

Autant de fonctionnaires, autant de mandarins dont la morgue s'accroît avec la qualité du bouton qui distingue leur grade hiérarchique. Ce dont on se plaint légitimement, c'est que, depuis quelques années, les choses aillent de mal en pis sous ce rapport. Jamais les employés du gouvernement et des diverses administrations n'ont été plus arrogants, plus inabordables ; jamais ils n'ont pris vis-à-vis du public des allures plus autoritaires et plus vexatoires. Ceux de second et de troisième ordre sont trop souvent d'une impolitesse qui dépasse toutes les limites. Quant aux mandarins à boutons de jade ou de diamant, on ne les trouve que rarement à leur poste, et pour parvenir jusqu'à eux il faut avoir en poche toutes sortes d'amulettes capables de conjurer les maléfices d'un tas de puissances occultes qui dressent devant les pas du solliciteur des barrières infranchissables. Vous arrivez dans leurs bureaux nanti d'une lettre d'audience. Un huissier narquois vous reçoit, prend connaissance du bienheureux billet de La Châtre auquel vous attribuiez naïvement les vertus du mirifique Sésame des contes orientaux, et vous prie avec un sourire de commisération de prendre un siège et d'y attendre que Son Excellence vous mande auprès d'Elle. Il est dix heures et demie. A deux heures de l'après-midi, quand vous avez vu défiler devant vous deux ou trois visiteurs plus favorisés, le larbin à chaîne ou sans chaîne se présente et vous déclare que Son Excellence ne pourra pas vous recevoir aujourd'hui.

— Alors quand devrai-je revenir ?

— Je n'en sais rien, répond l'homme au sourire narquois, Môssieu le Directeur ne m'a rien dit à ce sujet.

Ce sont là, convenez-en, des façons de fonctionnaires impériaux, non celles de serviteurs du peuple, de salariés de la République. Ces bons messieurs s'imaginent-ils que nous les payons si grassement pour qu'ils nous abreuvent de leurs insolences ! C'est un peu trop de sans-gêne en vérité ! Nous avons la prétention de leur apprendre qu'ils sont rétribués pour être accessibles à tous, sans distinction de rang, de nom ou de fortune, et surtout pour être polis envers leurs administrés, à quelque classe de la société qu'ils appartiennent.

Certes, je n'ai garde d'englober dans ma critique tous les fonctionnaires, tous les agents de l'autorité sans exception. Il en est de très abordables, de très complaisants, de très gracieux, qui accomplissent leur devoir avec zèle et convenance. Mais ils sont rares, trop rares, et plus nous allons, plus le nombre en diminue. On a vu, par quelques aventures toutes récentes dont des députés et des sénateurs eux-mêmes ont été les victimes, que personne n'est à l'abri des grossièretés et de l'autocratisme brutal de certains agents du pouvoir.

Il faut que cela change, ou sinon le régime qui tolère de pareilles choses tombera dans le discrédit le plus complet.

M. Edmond Magnier a dit avec raison dans l'*Événement* :

« L'esprit nouveau qui menace toutes les citadelles bureaucratiques, tend à transformer la notion que les administrations se faisaient des administrés. Elles paraissaient jusqu'ici croire que ceux-ci n'existaient que pour les payer et s'incliner devant elles ; l'opinion contraire commence à s'accréditer. A supposer qu'au début on y mette quelque exagération et qu'il y ait quelques vitres cassées mal à propos, je ne puis m'empêcher d'être pour les administrés contre les administrations, pour ceux qui payent contre ceux qu'on paye. »

Malheureusement, l'exemple vient de haut et l'on est forcé de constater qu'il est suivi avec une religieuse ponctualité jusqu'au dernier échelon de la hiérarchie. Il n'est pas un rouage de cette merveilleuse machine que l'Europe ne nous envie pas le moins du monde, qui ne s'évertue à affirmer, par son inertie ou sa résistance, la puissance de son action. Encore si ce n'était que par de simples vexations à l'égard des administrés que s'exerçât cet esprit d'opposition maligne, d'hostilité préconçue et irréductible ! Mais nous voyons à chaque instant les ministres eux-mêmes obligés de rappeler leurs agents à l'ordre, ceux-ci se faisant un jeu de contrevenir avec une rare impudence aux instructions, aux arrêtés, aux décrets les plus formels.

On peut trouver mauvais de tels procédés administratifs ; mais le peuple français, bon enfant, pardonne beaucoup de choses à ceux qui l'administrent tant que leurs méfaits se bornent à de petites vexations, à de ridicules mandarinades. Il n'en sera pas de même s'il acquiert la certitude que, non seulement on le malmène moralement, mais encore qu'on dilapide ses deniers et que ses intérêts matériels les plus chers sont gérés par des incapables ou des fripons. Or, à ce point de vue, les récents débats parlementaires nous ont révélé des choses tellement incroyables que je ne me hasarderais pas à en parler si elles n'étaient pas énumérées dans les pièces officielles les plus probantes et si je n'avais pour garant la parole autorisée d'un député digne de foi.

C'est dans le discours prononcé à la Chambre le 4 décembre dernier par M. Burdeau, rapporteur de la commission du budget, que je trouve cette renversante énumération. Il s'agit du budget de l'Algérie, et voici ce que déclare le courageux député du Rhône :

«..... Quand on songe à ce que la France a concentré d'efforts sur cette colonie depuis soixante ans ; quand on repasse en sa mémoire les hommes qu'elle y a dépensés, les millions qu'elle y a enfouis ; quand on pense que depuis plus d'un demi-siècle, chaque année, la France a levé la dîme de son trop-plein de population, la dîme de son budget, la dîme de ses forces militaires et administratives, afin de fonder, de l'autre côté de la Méditerranée, dans une situation unique au monde, une colonie, et qu'après tous ces efforts, on voit reparaître cet éternel doute : Est-ce que notre colonie algérienne a réussi ? ou : Notre entreprise ne serait-elle qu'un avortement ? alors, je le répète, la question qui se pose est plus grande encore que toutes celles qui ont été envisagées jusqu'ici.

» Il s'agit de savoir si la puissance colonisatrice est épuisée dans ce pays. Nous l'avons eue ; nous fûmes l'un des peuples colonisateurs du monde ; mais il y a dans l'histoire des exemples nombreux de peuples qui ont eu cette puissance colonisatrice et en qui la sève semble s'être tarie. Sommes-nous donc de ces peuples? Est-ce que, désormais, la seule partie de la terre qui soit promise à notre race, à notre sang, à notre langue, à notre génie, c'est ce coin entamé du sol européen qui reste sous nos pieds ? Est-ce que, désormais, nous devons renoncer à entrer en concurrence avec les autres nations civilisées, nos rivales, pour ce partage du monde qui paraît être l'œuvre du XIXe siècle et qui se continuera dans le siècle suivant ?

» Messieurs, devant de pareils problèmes, il faut s'armer de la plus sévère conscience pour les examiner...

» N'est-il pas nécessaire que nous fassions nous-mêmes l'examen de conscience le plus rigoureux, le plus impitoyable ? Ne faut-il pas que la lumière la plus crue tombe jusque sur nos vices et nos erreurs, que nous les étalions tous à la face du monde, parce que c'est le seul moyen de les connaître nous-mêmes, de les regretter et de les corriger ?..... »

Passant à l'examen du système de la colonisation officielle pratiquée en Algérie, l'éloquent rapporteur s'exprime en ces termes :

« On l'a dit depuis longtemps, la colonisation officielle, de 1871 à 1876, période pour laquelle nous avons des statistiques plus précises peut-être que depuis, a, de l'avis du gouverneur général, coûté 57 millions pour installer 7,443 familles, si je ne me trompe, et sur ces 7,443 familles, notez qu'il y en avait 3,800 qui étaient des familles algériennes et 3,600 seulement qui étaient des familles françaises.

» Je signale ce fait, en passant, à l'attention du Gouvernement. Il y a un décret du 3 septembre 1878 qui veut que l'on attribue aux Algériens une part de concessions ; mais cette part est limitée à un tiers. En fait, toutes les fois que nous aurons à parler de concessions, à voir dans quelles proportions les colons de l'Algérie même, ne venant pas de France, y ont leur part, nous constaterons que cette proportion a été dépassée et que le Gouvernement *qui avait fait le décret* L'A VIOLÉ.

» C'est donc 3,600 familles françaises qu'on a installées pour une somme de 57 millions Cela fait de 13 à 14,000 francs par famille. Voilà pourquoi, sans aller plus loin, il a semblé à la commission du budget qu'il était temps de donner un avertissement, qu'il n'était pas possible de continuer l'application d'un système qui donnait un résultat aussi restreint pour une somme aussi énorme.....

» Ce que je reprocherai le plus à la colonisation officielle, ce sont les mœurs qu'elle a créées en Algérie. Je n'en citerai qu'un exemple ; je veux parler des forêts.....

» Les forêts de l'Algérie ne coûtent que 10 millions ; c'est ce que je leur reproche et voici pourquoi : elles ne rapportent annuellement que 477,000 francs. Mieux vaudrait qu'elles nous coûtassent davantage, parce qu'elles rapporteraient davantage. Il y a, en matière de sylviculture, un moyen certain de perdre son argent, c'est de ne pas savoir le dépenser habilement et en quantité suffisante.

» Il y avait autre chose à faire : il fallait mettre ou faire mettre en valeur, si on ne voulait pas le faire directement, la partie la plus riche de ces forêts. L'État possédait à peu près 400,000 hectares de forêts de chênes-liège, c'est-à-dire, si elles étaient mises en valeur, de quoi s'emparer du marché du liège du monde entier, et de pourvoir aux deux tiers de la consommation universelle.

» A quel moyen a-t-on recouru ? On a pensé que l'État était incapable d'exploiter, ce qui est vrai dans beaucoup de cas, — car, lorsqu'il s'agit d'exploitation industrielle, l'État est moins habile que des particuliers stimulés par l'intérêt privé ; mais a-t-on su les trouver en Algérie ? On était hanté, comme en beaucoup de choses — et c'est pourquoi je cite cet exemple — par l'idée de concessions gratuites.

» On a commencé par donner à des concessionnaires des forêts pour une période de 99 ans, moyennant le partage des produits. Ils ont accepté le don sous cette forme ; puis, quand il s'est agi de payer, ils ont objecté que les forêts étaient souvent incendiées, que l'État devait en tenir compte et leur rendre le montant de leurs pertes, si bien que l'État aurait fini par payer beaucoup plus qu'il ne touchait.

» Comme l'Etat ne pouvait entrer dans cette voie, il s'est décidé à vendre ces forêts. Et vous allez voir ce qu'ont donné des ventes faites dans ces conditions.

» Les forêts étaient estimées par l'État..... à 270 francs l'hectare. Les particuliers, les concessionnaires acceptaient au début ce prix comme base de la vente ; mais ils faisaient observer que les incendies étant fréquents, l'État devait leur en garantir les risques. On objectait qu'une vente consentie dans ces conditions ne constituait pas, à proprement parler, une vente ; pour que l'État pût garantir les risques d'incendie, il eût fallu qu'il restât propriétaire à un titre quelconque ; du moment qu'il vendait, les acquéreurs devenaient seuls responsables des risques d'incendie, sauf leur recours, cela va sans dire, contre les incendiaires.

» On discuta pendant un an sur ce point ; on finit par vendre des forêts à raison de 60 francs l'hectare. C'était bien peu, *mais c'était beaucoup plus que le prix réellement payé*. Le contrat portait bien, en effet, le chiffre de 60 fr., mais on y ajoutait des conditions qui faisaient de ce chiffre de 60 fr. un mensonge. On disait : Le payement s'effectuera de la manière suivante ; pendant les dix premières années, l'État ne touchera rien ; pendant les dix années suivantes, il touchera 2 fr. par an, et pendant dix autres années, 4 fr. Si l'on calcule la valeur en argent comptant d'une somme de 60 fr. payée dans ces conditions, on arrive au chiffre de 24 fr. environ. Ainsi, de 270 fr. la valeur des forêts tombe déjà à 24 fr.

» Mais cela n'était pas assez. Les concessionnaires firent remarquer que dans le lot qui leur était vendu il y avait des forêts incendiées. On les leur donna gratuitement. Il était entendu que ces forêts incendiées ne rapporteraient jamais rien....., ce qui n'empêche pas que dans quelques-unes de ces forêts qui ne devaient plus rien rapporter et qui avaient été concédées gratis, *il y a eu de nouveaux incendies et on vient nous réclamer de ce chef de très fortes indemnités.*

» Ce n'est pas tout encore. Comme il fallait une dernière fois, paraît-il, compenser les risques des incendies, ces risques dont on tirait de perpétuels profits, on ajouta une première clause, en vertu de laquelle *un tiers de la surface non incendiée serait donné à titre gratuit.*

» Voulez-vous savoir quel était, après cette série d'atténuations, le prix réel des concessions de forêts de chênes-liège ? En voici quelques exemples, choisis, je l'avoue, mais qui comprennent la majeure partie de l'étendue intéressée :

» Voici, par exemple, un concessionnaire qui, sur 6,220 hectares, en a obtenu gratis 3,840, soit 62 %, ce qui met le prix de l'hectare à 10 fr. 50. En voici un autre qui sur 11,900 hectares en a obtenu 7,900 gratis, soit 66 %, ce qui met le prix de l'hectare à 10 fr. Un autre, sur 11,000 hectares 9,000, soit 87 % gratis, ce qui met le prix de l'hectare à 7 fr. 50. Un quatrième, sur 2,700 hectares qui lui ont été concédés, en a obtenu 2,400 gratis, c'est-à-dire 89 %. Et enfin, j'en trouve d'autres ayant obtenu 98 et même 99 % de leur concession à titre gratuit; le prix, dans ces conditions, TOMBE A SIX SOUS L'HECTARE. »

Il est vrai, comme l'a fait remarquer M. François Deloncle, que cela se passait sous l'Empire et sous l'ordre moral, ces concessions inimaginables ayant été faites de 1862 à 1866, une seule en 1876.

Ce sont des forêts de Bondy! s'est écrié un député de la Gauche. Il avait, ma foi, bien raison !

Mais les chemins de fer algériens — et ici le gouvernement républicain est aussi condamnable que celui du 2 décembre — vont nous offrir un tableau plus extraordinaire encore.

Je laisse la parole à M. Burdeau :

« Vous savez dans quelles conditions ont été conclues les conventions avec les chemins de fer et à quels résultats elles ont abouti. Je les résume en deux mots. D'une part, elles écrasent — on peut le dire — le Trésor français sous une charge qui n'a nulle part ailleurs d'équivalent. Nous sommes en présence d'un réseau de 2,800 à 2,900 kilomètres de chemins de fer qui est arrivé à coûter de 20 à 22 millions par an et qui risque, en 1892, de coûter encore près de 20 millions, c'est-à-dire que 1 kilomètre de chemin de fer en Algérie coûte à l'État une garantie cinq fois plus considérable qu'en France.

» Croyez-vous que pour ce prix on obtienne des transports à bon marché ? Il s'en faut. Le tarif des voyageurs, en Algérie, est supérieur au tarif de France dans une proportion qui atteint 25 p. °/₀, et le tarif des marchandises y est à plus du double de celui de la métropole..... En d'autres termes, toutes les fois qu'un voyageur ou un expéditeur verse aux guichets d'un chemin de fer algérien une somme de 1 franc, il faut que le Trésor verse une somme à peu près égale, exactement 94 centimes. »

Abordant ensuite les détails du régime sous lequel se sont faites les conventions avec les concessionnaires de voies ferrées en Algérie, l'honorable M. Burdeau établit de la façon la plus nette le caractère scandaleux qu'elles ont revêtu en plusieurs cas et la situation intenable qu'elles font aux colons algériens autant qu'au Trésor français. J'extrairai de son discours ce qui a trait à la compagnie de Bône-Guelma et à la Franco-Algérienne. Cet exemple suffira à ma démonstration :

« Je reviens à la compagnie de Bône-Guelma. Cette compagnie, après avoir été mise en possession d'un intérêt de 6 p. °/₀ pour ses obligations, les cède à un établissement de crédit au même taux de 6 p. °/₀, c'est-à-dire à 250 francs. Cet établissement de crédit se retourne vers le public et les lui vend à 300 francs. C'est un écart de 50 francs par obligation, soit 12 millions sur l'ensemble de l'émission dont l'État paye l'intérêt, dont on ne voit pas comment il pourra ne plus payer l'intérêt, et qui ont été détournés à son détriment.

» Après les forfaits d'émission, viennent les forfaits de construction. Ils consistent en ceci. On alloue à une compagnie une somme déterminée qu'elle aura le droit d'emprunter et que l'État lui garantira pour qu'elle construise une ligne. Après quoi la compagnie s'en tire comme il lui plaît. Quel est son intérêt? C'est de faire des travaux au meilleur marché pour économiser le plus possible sur le forfait de construction. On en a cité plusieurs exemples. Je veux en rappeler un seulement, celui de la Franco-Algérienne.

» Cette société était déjà à la veille de la déconfiture où elle est tombée depuis; elle pressentait qu'elle ne pourrait plus payer les coupons de ses obligations. Que fit-elle? Elle se fit concéder par l'État une ligne, celle de Mostaganem à Tiaret, pour 20,500,000 francs comme prix de construction. Après avoir obtenu la concession, elle fait une opération très simple. Elle ne construit pas sa ligne; elle s'adresse à une société de construction, la Société des chemins de fer départementaux, et la charge de construire sa ligne. Et pour quel prix? Pour 20,500,000 francs? Pas du tout: pour 17,500,000 francs. Elle prélève ainsi une différence de *trois millions*, sur lesquels 2 millions lui servent à payer les coupons des obligations du reste de ses entreprises, qui, sans cela, allaient tomber en déconfiture. Il est certain que des procédés de ce genre indiquent un vice radical dans le système des forfaits de construction. Il n'est pas admissible que l'on concède à une compagnie la construction d'un chemin de fer, alors qu'en réalité cette compagnie n'est qu'un intermédiaire qui ne construit rien et qui se borne à prélever une énorme commission.....

» La ligne une fois construite, il reste à l'exploiter. Alors qu'a-t-on fait? On a écarté tous les risques de l'opération, puisqu'on a fait des émissions qui ne pouvaient donner que des bénéfices et passé des forfaits de construction qui donnaient également des bénéfices..... L'aléa devrait être dans l'exploitation. Il n'en est rien. Pour l'exploitation on s'est fait concéder des barêmes d'exploitation, c'est-à-dire que l'État garantit que la ligne produira *une somme de tant*, QUEL QUE SOIT LE PRODUIT RÉEL, et on calcule cette somme de manière que la compagnie ne soit pas en perte.

» C'est ainsi que la compagnie Bône-Guelma s'est fait garantir une somme de 7,500 francs pour les frais d'exploitation jusqu'à concurrence d'une recette de 10,000 francs..... A l'heure actuelle elle est arrivée à une recette de 6,218 francs ; par conséquent, ce qu'elle peut espérer de mieux, c'est son barême de 7,500 fr. Quel est son but, étant sûre de toucher 7,500 francs sur lesquels il faut qu'elle paye ses frais d'exploitation ? C'est d'avoir le moins de frais d'exploitation possible. Comment s'en tirera-t-elle ? Il y a deux moyens, et le premier, qui est cependant bien exorbitant, est cependant le moins mauvais des deux. C'est de prendre, comme pour la construction, un intermédiaire. Ainsi, elle doit faire une émission : elle s'entend avec une Société qui gagne 12 millions ; elle doit construire : elle s'entend avec une Société de construction qui n'y a pas perdu. Elle doit exploiter : elle n'exploite pas ; elle fait exploiter par une Société intermédiaire, et elle se fait concéder par cette Société des barêmes inférieurs de 1,500 francs à la garantie de 7,500 francs, c'est-à-dire que pour chaque kilomètre elle n'a qu'à se croiser les bras pour recevoir 1,500 francs AU DÉTRIMENT DE L'ÉTAT, *et quelle que soit d'ailleurs la recette.*

» Et ce procédé est encore le meilleur, le moins

abusif ! Un autre a été appliqué depuis. On a trouvé étrange, exorbitant, qu'une compagnie choisie pour exploiter des lignes n'exploitât pas et fît un pareil bénéfice ; alors elle s'est mise à exploiter elle-même et elle est entrée dans une seconde phase, celle des compagnies algériennes qui exploitent elles-mêmes leurs réseaux, et n'ont qu'un but : **qu'il n'y ait pas de trafic ou qu'il y en ait le moins possible.....**

» En réalité, c'est la compagnie qui exploite et vous qui touchez. Vous payez la garantie et la compagnie se contente d'encaisser. Par conséquent son bénéfice sera d'autant plus grand que l'écart entre les frais d'exploitation et le barême garanti sera plus considérable ; et comme les frais d'exploitation croissent avec le trafic, plus le trafic est réduit, plus l'écart, le bénéfice augmente.....

» Quand un régime donne ce résultat qu'une compagnie, après avoir été désintéressée dans l'émission de ses capitaux, désintéressée dans la bonne exécution de la construction, désintéressée encore dans le développement du trafic, **est au contraire intéressée à ce qu'il ne se développe pas**, je dis qu'il est urgent de le modifier..... »

Ah ! certes, il est temps de mettre fin à de tels scandales. Il est temps, plus que temps de réviser un système administratif qui produit de semblables monstruosités. L'honneur du gouvernement français, l'honneur du parlement, le bon renom de notre pays à l'étranger y sont en jeu.

Je ne dirai pas que tout soit, dans l'administration de notre pays, comparable à ce que M. Burdeau vient de nous dévoiler d'une façon si nette et si péremptoire dans son rapport sur l'Algérie. Mais, quand de tels scandales se passent au su et au vu de ce gouvernement, qui les a sanctionnés d'ailleurs par des conventions et des actes formels, on peut se demander, avec quelque apparence de raison, si les tiroirs de notre administration métropolitaine ne contiennent pas aussi quelques exemplaires pareils de sottise ou de... malversation.

Le mot est dur, je n'en disconviens pas, mais il est juste. Trop longtemps on nous a représenté cette administration comme un modèle parfait, comme une machine incomparable que l'univers nous envie. La vérité est que cette merveilleuse machine aux rouages compliqués et multiples s'entend admirablement à pressurer le contribuable, à lui faire « rendre » tout ce qu'il peut rendre et même quelque chose de plus. Quant aux produits de cette mouture impitoyable... je crains bien qu'avant d'arriver aux caisses de l'État, il ne s'en soit égaré en route une bonne, une trop bonne partie.

Cela demande un sérieux examen, une révision radicale, et peut-être une refonte complète.

Il doit y avoir un énergique coup de balai à donner là-dedans !

Le Gouvernement

Caliban, du *Figaro*, disait, il y a quelques semaines, avec cet humour gaulois qui coule sous sa plume comme le filet intarissable des sources alpestres :

« La République est un gouvernement comme un autre, ni meilleur, ni pire, quand on est bien couvert, bon pour ceux-ci, mauvais pour ceux-là, selon le commerce qu'on exerce. Tout ce qu'on peut en dire, c'est qu'il est fort triste qu'il en faille un, quelconque et n'importe lequel, hélas ! à des hommes policés et réunis en société chrétienne. Pour le reste, il est reconnu qu'ils se valent, attendu que l'on ne cite pas encore depuis qu'on les essaie à tour de rôle celui qui ait soulagé les contribuables d'un seul impôt décrété et perçu par son prédécesseur. C'est pourquoi nous enfilons les perles et les rubis du Verbe et nous nous bornons à les enfiler vertueusement, inutilement, philosophiquement peut-être. »

Avec quelque outrance, je le concède, cette spirituelle boutade ne trace que trop fidèlement les grandes lignes de la situation présente. Cette énorme masse de citoyens qui ne s'inféode à aucun parti, à aucune chapelle politique et qui juge tout bonnement le régime en exercice par ses œuvres — par ce qu'il coûte — pense de la République, telle que nous la voyons fleurir aujourd'hui en France, exactement ce qu'en pense Caliban. Ni meilleur, ni pire, dit-elle. Un peu plus de libertés que sous l'Empire, sans doute, mais Dieu ! que cette liberté nous coûte gros !

La cote du contribuable augmente chaque année ; les impôts croissent et se multiplient, tandis que pour le plus grand nombre de travailleurs, la vie devient de jour en jour plus difficile, la concurrence plus écrasante, le combat pour l'existence plus âpre et plus poignant. Et cependant, nous disait-on, la République allait desserrer toutes les courroies dont nous avaient ligottés les régimes antérieurs. Le gouvernement du pays coûtant beaucoup moins, les affaires n'étant plus entravées par toutes sortes de restrictions administratives, d'embûches fiscales, de traquenards tendus par la mauvaise foi et l'âpre égoïsme de quelques exploiteurs privilégiés, l'âge d'or allait revenir peu à peu. et quand on aurait fait face aux exigences du Teuton vainqueur, pourvu aux *réparations nécessaires* à la réfection de l'outillage national, aux besoins de la défense, à l'organisation de l'instruction publique, les impôts ne tarderaient pas à diminuer dans de notables proportions ; tout le monde serait à l'aise et l'on verrait enfin se réaliser le rêve du Vert-Galant qui songeait à mettre, au moins une fois la semaine, une poule dodue dans la marmite de chacun de ses sujets.

Hélas ! ce beau rêve du meilleur de nos rois, la République est loin d'en avoir fait une réalité. Beaucoup se plaignent qu'au lieu de poule, elle ait mis trop souvent dans la marmite du pauvre monde une maigre ration de vache — voire de vache enragée.

Est-ce à dire, comme le prétendent ses adversaires, qu'elle soit incapable de faire mieux ? Point du tout. Si, pour plusieurs raisons qu'il serait oiseux d'énumérer et que tout homme intelligent connaît par le menu, la République est impuissante à procurer à la nation le bonheur parfait, le bien-être absolu, une égale part de joüissances matérielles, elle pourrait — je dirai mieux, elle doit — conduire la France par degrés à un ordre de choses infiniment meilleur que celui dans lequel nous vivons.

Pour cela, je le répète, il faut de profondes modifications, non seulement dans les lois, dans les règlements et les procédés administratifs, mais aussi dans l'organisation et l'exercice des pouvoirs publics. Notre système gouvernemental demande à être considérablement revu et... diminué ; car, s'il est, comme je le crois, défectueux, incompatible même avec le développement régulier et normal de la démocratie, ce n'est point par défaut de rouages et simplicité de mécanisme, mais bien plutôt par pléthore et complication d'organes. Je vais passer en revue chacun des éléments dont il se compose et indiquer les points sur lesquels me semblent devoir porter les réformes indispensables pour faire du gouvernement de la République française un gouvernement vraiment démocratique.

Qu'on me permette d'ouvrir ici une parenthèse et de déclarer une fois pour toutes qu'en entreprenant cet examen de notre situation politique et sociale je me suis imposé le rigoureux devoir d'écarter absolument les questions de personnes. Je veux m'efforcer d'oublier les hommes pour ne songer qu'aux principes. Cette règle me sera facile à observer dans ce que j'ai à dire du pouvoir exécutif. Personne, en effet, ne professe à l'égard du chef de l'État une plus sincère et plus profonde estime. Les adversaires de la République eux-mêmes rendent à M. Carnot la justice qui lui est due. Il faudrait s'inspirer d'un odieux parti-pris de dénigrement pour ne pas reconnaître que cet honorable citoyen remplit la haute charge qui lui a été confiée par les mandataires de la nation avec une correction parfaite et le respect le plus absolu des devoirs qu'elle lui impose. N'est-ce pas l'un des plus fougueux orateurs de la droite qui s'écriait un jour : « Son honnêteté nous embête ! »

Oui, on peut l'affirmer sans craindre d'être démenti par qui que ce soit : M. Carnot est l'honnêteté faite homme. La magistrature suprême qu'il exerce avec tant de dignité a été placée entre de bonnes mains et ce ne sont pas seulement tous les Français impartiaux, mais l'Europe et le monde entier qui rendent hommage aux mérites de celui qui la détient à cette heure.

La personnalité du Président de la République n'est donc pas en cause et les critiques que j'ai à formuler s'adressent uniquement à la fonction, aux conditions mêmes qui lui ont été faites.

Si l'organisation du pouvoir exécutif n'est pas une des causes les plus efficientes de l'état d'obstruction dont souffre le développement progressif de la démocratie française, il n'en est pas moins vrai qu'elle y contribue dans une large mesure. En instituant le septennat, l'Ordre moral faisait incontestablement œuvre réactionnaire. En effet, la présidence durant sept années ne pourrait-elle pas devenir entre certaines mains un acheminement à la présidence à vie qui ne serait autre chose qu'un pouvoir monarchique déguisé? Supposez un Boulanger plus habile, plus circonspect, plus maître de soi que ne l'était celui qui finit si misérablement dans l'exil, et vous avez dans le septennat tout ce qu'il faut pour faire du Président de la République le maître de la France.

Sans aller jusqu'au renouvellement annuel comme en Suisse, je trouve que la durée du pouvoir présidentiel pourrait être avantageusement réduite. Il n'est pas démocratique que le même homme détienne si longtemps des pouvoirs aussi considérables. Fût-il la correction, l'honnêteté mêmes, l'habitude du commandement peut l'entraîner à s'écarter du strict devoir d'un chef d'État républicain. D'ailleurs, ce n'est pas seulement ce vertige de la fonction qu'il faut redouter, ce sont les conseils de l'entourage, l'influence quelquefois néfaste des hommes qui se perpétuent à la Présidence avec celui qui en occupe le siège. Que de critiques n'a-t-on pas formulées ces derniers temps à l'adresse d'un haut personnage de l'Élysée qu'on accuse à tort ou à raison d'abuser de sa situation auprès du chef de l'État!

Je ne veux pas rechercher si ces critiques étaient fondées ou si elles n'étaient que l'expression d'amours-propres froissés, d'ambitions déçues, de rancunes méprisables. Il suffit qu'elles aient été formulées par un certain nombre de journaux appartenant à des personnalités ou à des chapelles politiques diverses pour qu'elles aient produit sur l'opinion publique le plus fâcheux effet. S'il était possible que la considération et l'estime dont jouit M. Carnot pussent souffrir de telles attaques, elles en eussent certainement été diminuées. Or, comme les Romains disaient : « La femme de César ne doit pas même être soupçonnée », il importe au renom du gouvernement républicain que le chef de l'État ne soit pas même effleuré par la défiance et qu'on ne puisse l'accuser d'avoir pour ceux qui l'entourent des complaisances injustifiées et coupables. On a vu sous le septennat du prédécesseur de M. Carnot quelle influence néfaste pouvait exercer sur la marche même des affaires de l'État un personnage trop puissant à l'Élysée. Il ne faudrait pas que de telles choses se revoient encore, car c'en serait fait non seulement en France mais dans le monde entier, de la considération qui doit entourer la haute magistrature confiée au Président de la République.

Eh! bien, il y a un moyen très facile de remédier à cet état de choses défectueux : c'est d'abord de réduire dans de larges proportions la durée des pouvoirs de l'Exécutif ; c'est ensuite d'organiser celui-ci d'une façon beaucoup plus simple et plus démocratique. Telle qu'elle est aujourd'hui, avec son faste presque royal, avec son air de cour à peine déguisé, son apparat militaire, la Présidence de la République ressemble trop aux gouvernements des têtes couronnées. Il reste encore dans son organisme et dans ses attributions trop de choses qui rappellent la monarchie et qui permettraient à un Président ambitieux ou mal intentionné d'agir d'une façon contraire aux intérêts de la République et de la démocratie. Si l'on veut que celle-ci ne soit pas un vain mot, il est indispensable de commencer l'œuvre des réformes par une réorganisation fondamentale du pouvoir exécutif.

J'entends l'objection qu'on va me faire : la France est un trop grand pays pour se contenter d'un chef d'État sans prestige. Nous avons à compter avec de grandes puissances vis-à-vis desquelles il est de toute nécessité que ceux qui nous représentent fassent bonne figure. Que diraient les souverains et souveraines qui nous font l'honneur de venir à Paris et de rendre visite au chef de l'État si nous n'avions à leur offrir qu'un Président « populo », des ministres dépourvus de tout faste, un exécutif sans panache ? Même en République, le gouvernement d'une nation comme la nôtre ne va pas sans un peu de tralala. L'objection, j'en conviens, n'est pas sans valeur. Aussi longtemps qu'il y aura en Europe des cours souveraines, la France sera tenue de se plier à certaines nécessités que lui imposent le soin de sa propre dignité et le souci de ses intérêts dans le monde. Mais de là à conserver comme nous l'avons fait tous les dehors d'un gouvernement monarchique, à faire de l'Élysée le siège d'une cour royale en simili, il y a de la marge. Ma conviction est que, loin d'ajouter quelque chose à notre prestige au dehors, cela nous diminue et nous ridiculise.

D'ailleurs, ce n'est là que le petit côté de la question. Les réformes, en ce qui concerne le pouvoir exécutif, porteront tout d'abord sur la durée de son mandat, sur son organisation et ses attributions. La magistrature suprême de la République devrait être liée à l'existence du pouvoir législatif et ne durer que quatre années. Les ministres, responsables de leur gestion devant les Chambres, seraient élus par celles-ci ; toujours révocables par un vote du parlement réuni en congrès, ils seraient passibles, en cas de fautes graves, de poursuites judiciaires et de rigoureuses pénalités.

On éviterait ainsi, selon moi, ces intrigues et ces complots de couloirs dont nous avons eu tout récemment encore un si regrettable exemple, et quoique la Chambre ait fait trop souvent preuve d'inconséquence et de légèreté quand ses votes pouvaient amener la chute du ministère, il y a lieu de croire qu'elle y regarderait à deux fois lorsqu'elle aurait à porter devant le pays la responsabilité directe de ses actes.

Le *Petit Journal*, dont l'autorité grandit de jour en jour parce qu'il s'inspire des véritables intérêts de la patrie et qu'il exprime en excellents termes le sentiment de l'immense majorité des citoyens français sur les questions les plus vitales pour le pays et pour la République, publiait à ce propos, il y a quelques semaines, sous la signature de Tristan, un article qui a eu un retentissement bien mérité. Je ne résiste pas au désir d'en reproduire les passages suivants :

« La politique passe à tort pour une science compliquée.

» Ce sont les politiciens qui l'embrouillent parce qu'ils en font métier et qu'ils ont intérêt à la rendre incompréhensible.

» Ce qu'ils redoutent le plus, c'est que l'instinct droit, le jugement net et honnête du peuple se mêle de leurs affaires, c'est que la lumière entre dans leurs obscures combinaisons.

» Il faut bien pourtant en appeler à lui quand les

intrigues, les jalousies et les compétitions aboutissent à quelque retentissante sottise.

» Le renversement du ministère, jeudi, dans un dédale d'ordres du jour où le plus retors des vieux parlementaires est incapable de trouver son chemin, la crise dont les malins du Palais-Bourbon sont incapables de fournir au public une explication plausible, voilà bien le chef-d'œuvre de la confusion, de l'ineptie et aussi de la mauvaise foi des politiciens.

» Ils ne s'en tireront pas tout seuls ; car la faute en revient à des habitudes qui ne changeront pas ; la responsabilité retombe sur des meneurs qui sont fondamentalement vicieux et qui pécheront toujours.

» Si donc nous ne voulons pas trébucher demain dans la même ornière, ce n'est point par un replâtrage ou par le va et vient des figurants plus ou moins bariolés qui constituent la troupe des ministrables que nous assurerons le service gouvernemental.

» Pour qui réfléchit un instant, le groupement des partis à la Chambre est d'autant plus mauvais, entraîne des dangers d'autant plus grands que la situation générale du pays s'est améliorée.

» Malgré les apparences paradoxales, c'est l'évidence même.

» En effet, il n'y a de majorité solide, possible, que sur des idées communes représentées et défendues par un cabinet qui agit en leur nom.

» Or, que voyons-nous ? Une assemblée coupée en trois tronçons de force presque égale : la droite opposante, et le parti républicain en deux moitiés, l'une plus mesurée, une autre plus radicale, du moins par l'étiquette.

» Si l'une des deux fractions républicaines se fâche avec le pouvoir, la droite n'a qu'à se joindre à elle : tout est cassé.

» Depuis pas mal d'années, du reste, c'est ainsi que l'instabilité a été la règle : il y a eu des répits, mais pas de sécurité ; rien n'est fixe, rien n'a la garantie du temps.

» C'est un fléau dont la nation est lassée, dont elle est résolue coûte que coûte à exiger la guérison, parce qu'elle risque d'en mourir elle-même.

» Or, je le répète, si nous nous en tenons aux éléments que possède actuellement le monde parlementaire, ce fléau ne s'arrêtera pas ; il fera plutôt des progrès, justement parce que la République s'est affermie au dedans et au dehors.

» En effet, quelle est la cause des accalmies momentanées plus ou moins durables, grâce auxquelles un ministère a pu vivre tantôt quelques semaines, tantôt quelques années ?

» C'est le danger couru par les institutions qui maintenait dans le parti républicain la discipline de combat, qui faisait provisoirement oublier les programmes contradictoires et les antipathies personnelles. Cette politique avait un nom : c'est la *politique de concentration*.....

» La politique de concentration est à bout de souffle parce que les opportunistes et les radicaux sont rassurés sur l'ensemble des affaires et qu'ils croient permis le jeu des bêtises.

» Le naturel est revenu au galop.

» Déjà depuis quelques mois la barque parlementaire faisait eau ; les gens renseignés se doutaient bien

3

que le naufrage était inévitable. Un seul homme par ses facultés de souplesse et d'équilibre, par des prodiges d'habileté et de manœuvre, a pu prolonger la navigation, M. de Freycinet.

» Lui-même reconnaît que la tâche est au-dessus de ses ressources. Il renonce. Par conséquent, il serait fou d'essayer le même système avec un autre chef qui n'aurait ni son autorité ni ses talents.

» C'est du nouveau qui est de rigueur, c'est du nouveau que nous réclamons.

» Le triomphe de la République est absolu : les dernières résistances sont impuissantes, incohérentes, enfantines. Le tsar, à Cronstadt, s'est adressé à nous comme à une nation définitivement fixée sur un drapeau accepté par tous les citoyens ; il a fondé l'alliance franco-russe sur notre unification politique ; le pape vient une fois de plus de faire solennellement un appel aux catholiques et aux monarchistes sur le terrain légal, *celui du gouvernement que la France s'est donné.*

» Il n'y a donc plus de divisions essentielles admissibles un seul instant par un patriote, sinon par quelques fous qui seront noyés ou ridicules.

» ... Du coup la politique de concentration a fait son temps. Elle est morte. Enterrons-la.

» A la *politique de concentration* qui s'accommodait aux querelles intestines et aux désaccords constitutionnels du pays, le moment est venu de substituer la *politique des programmes républicains.*

» Il en existe nécessairement deux: l'un plus modéré, l'autre plus avancé ; la nature humaine l'exige ; car il y aura toujours des esprits qui marcheront plus lentement, d'autres qui avanceront plus vite, des intérêts conservateurs et des intérêts progressistes.

» C'est entre les deux que se déterminera le pays aux futures élections générales ; ce sera leur sens, leur but, leur devoir de régler selon les besoins et les aspirations du moment ce vaste partage et de fonder une majorité solide, celle-ci ou celle-là, en un mot de réaliser par un acte intangible le vœu suprême du suffrage universel, l'ordre et le mouvement par la *stabilité ministérielle.*

» Il est indispensable que chacune des deux armées qui composent la totalité du corps électoral arrivent aux urnes après une préparation mûrie de leurs vues, de leurs motifs, de leurs moyens, pour que le résultat soit exact et la solution bonne pour la prospérité et la grandeur nationale.

» C'est dans ce sens que nous condamnons et que nous poursuivons impitoyablement toute tentative d'excitation vaine, tout charlatanisme superficiel, toute campagne de récriminations aigres sous laquelle il n'y a que de mesquines ambitions, des rivalités de boutique ; ce sont de méprisables calculs pour inventer de fausses plates-formes électorales, pour abuser et égarer la sincérité du public, pour le détourner de la ligne droite, pour l'empêcher de voir clair et de se prononcer en connaissance de cause...

» D'ici l'époque normale où la consultation sera faite, nous avons un an et demi ; c'est beaucoup, c'est peut-être trop ; il importe que le pont établi entre ces deux dates ne soit pas trop fragile ; en un mot, il s'agit de donner l'existence suffisante à un cabinet précurseur, puisqu'il est interdit encore de construire l'édifice politique sur l'incohérence des partis qui se disputent le parlement et qui n'ont pas assez de vigueur, assez de largeur pour supporter le poids de la bâtisse.

» L'appel au pays n'est pas, à cette heure délicate, une nécessité absolue ; si les politiciens ont quelques lueurs de bon sens, devant la France qui les regarde et qui leur reproche amèrement la crise présente, sous l'impulsion légitime des conseils pressants du Président de la République, ils accorderont au travail de coordination qui précédera les élections générales, le délai convenable.

» Sans quoi, s'ils sont assez sots et assez criminels pour gâcher par leurs fautes et leurs malsaines conspirations l'œuvre inachevée, il n'y a plus d'hésitation tolérable, il n'y a plus de scrupule à invoquer ; il faudra recourir à la seule médication énergique et sûre qui s'offre, il faudra rompre avec des hommes sans conscience, sans intelligence et sans dignité.

» Perpétuer les crises serait alors de l'aveuglement.

» *La dissolution* s'imposerait. »

Ceux qui me lisent le comprendront sans peine et sans qu'il soit besoin de l'expliquer, la question du gouvernement et des réformes dont il est susceptible, quoique complexe et scindée en parties distinctes correspondant aux divers pouvoirs dont il se compose, constitue une entité dont il serait difficile de fractionner les éléments. Par la force des choses, il devient nécessaire, quand on en parle, de réunir ces éléments distincts, parce qu'ils se pénètrent l'un l'autre si étroitement qu'il est impossible de les séparer. Dans l'examen des réformes gouvernementales une division par chapitres serait arbitraire. La concision et la clarté perdraient à cette sélection tout ce que pourraient y gagner la suite et l'enchaînement des idées.

Cela est surtout vrai en ce qui concerne les pouvoirs exécutif et législatif. Aux termes mêmes de la constitution qui nous régit, celui-là n'est en réalité que l'exécuteur des lois élaborées par celui-ci, lequel à son tour n'est que le mandataire de la nation et le commis du peuple, seul dépositaire de la souveraineté suprême.

Je sais bien que dans la pratique il n'en va pas tout à fait ainsi et que, grâce à des subtilités de texte, à des traditions jusqu'ici plus fortes que la volonté du pays, *l'administration* s'est montrée trop souvent plus puissante que la volonté nationale nettement exprimée dans les décrets rendus par les représentants du peuple. C'est précisément là où se trouve le champignon vénéneux qui infeste notre organisation gouvernementale et qu'il s'agit de détruire par une sérieuse réforme des attributions respectives des divers pouvoirs publics.

Il ne se passe pas de jour que nous ne voyions en effet les meilleures lois compromises dans leur application par l'inertie des bureaux ou par des mesures hostiles qui rendent celle-ci dérisoire : bien heureux sommes-nous encore quand l'administration n'a pas réussi à les enterrer dans ses cartons, vastes nécropoles où dorment tant de décrets réparateurs.

Nous en avons eu tout récemment un exemple typique dont il convient de parler ici. Mille raisonnements ne valent pas un fait, et rien ne saurait mieux démontrer l'urgence de modifications profondes dans le fonctionnement de certains rouages de la machine administrative que ce qui vient de se passer à l'égard des mineurs de Monthieux. J'en emprunte l'exposé au *Petit Journal* — on le trouve partout où il y a une cause juste à défendre — qui a mené une vigoureuse campagne en faveur de la « Société stéphanoise de la Mine aux mineurs, » à laquelle, joignant les actes aux paroles, son éminent directeur, M. Marinoni, a fait une avance de cinquante mille francs.

Le lecteur sait de quoi il s'agit. La mine de Monthieux, abandonnée par la compagnie concessionnaire, a été reprise par un syndicat d'ouvriers à la tête duquel se trouvent deux hommes courageux, deux ingénieurs de mérite, MM. Payen et Lafont. Pour s'embarquer dans cette entreprise, il fallait à la Société stéphanoise ouvrière un capital d'une certaine importance. Le Conseil municipal de Saint-Étienne accorda, le premier, une somme de dix mille francs qui permit l'achat de la mine. Mais ce n'était pas tout. Il fallait pourvoir à un ensemble considérable de dépenses nécessitées par des réparations urgentes à faire, des boiseries à remplacer, des galeries à déblayer et à ouvrir, etc. D'après les estimations les plus modestes, le capital indispensable ne devait pas s'élever à moins de cent cinquante ou deux cent mille francs. Les 10,000 francs du Conseil municipal de Saint-Etienne, les 50,000 de M. Marinoni formaient un premier appoint. A qui s'adresser pour compléter la somme nécessaire ? Les mineurs espéraient obtenir le reste, grâce au concours des Chambres et du gouvernement, à l'appui de quelques capitalistes intelligents, disposés à concourir au succès de cette expérience si intéressante.

Comme le dit très justement l'auteur de l'article cité plus haut, si cette expérience réussit, « elle ouvrira une ère nouvelle pour la question sociale dont tout le monde cause à tort et à travers et qui n'avance pas assez vite parce qu'on n'y met pas assez ce qui lui est indispensable, le bon sens et le cœur, de l'esprit pratique et de la générosité d'âme. »

Donc, les mineurs comptaient sur le concours des pouvoirs publics. Ils vinrent à Paris ; ils furent reçus à bras ouverts par les commissions parlementaires, par le ministre des finances, par le ministre de l'intérieur, par le Président de la République. Aucun ne ménagea les félicitations à ces hardis soldats du travail ; tous promirent sans hésiter leur patronage, et, de fait, un premier vote fut enlevé à la Chambre par lequel un crédit de cinquante mille francs était accordé à la Société stéphanoise de la Mine aux mineurs. Le ministre des finances s'engagea moralement à tempérer la rigueur des lois, à diminuer d'une manière efficace les droits exorbitants que l'enregistrement émettait déjà la prétention de prélever sur la vente de la mine : *dix-neuf mille francs* pour *dix mille francs*, prix de l'achat.

Je laisse de nouveau la parole à Tristan :

« Le Conseil municipal de Paris suivit l'exemple de celui de Saint-Etienne, et plusieurs autres municipalités entrèrent dans le mouvement. Avec tant de paroles, de garanties, de cordialités, de patronages puissants, qui se serait permis de mettre en doute la bonne issue des multiples démarches de nos mineurs ?

» Eh bien ! l'invraisemblable, l'inouï s'est tristement

réalisé. De tout ce pêle-mêle, de cet entrain si extraordinaire de manifestations chaleureuses il n'est rien sorti que du bruit. Je dis rien ; vous croyez sans doute que je plaisante. Je n'en ai nulle envie et trouve même que l'histoire est peu risible. Elle est plutôt lamentable. Jugez-en.

» D'abord le Sénat, prenant peur, s'avisa de transformer le crédit consenti pour des causes définies, pour un but bien net, en une allocation quelconque à des misères et à des souffrances très intéressantes évidemment, mais qui sont absolument étrangères à la *Mine aux mineurs.*

» Le gouvernement, lui aussi, s'effaça et permit que le débat fût faussé et que l'opération déviât. Ce n'était déjà plus ce que les ouvriers et le *Petit Journal* réclamaient. Mais ni eux ni nous ne nous sommes plaints sur le moment ; nous sommes également fixés sur les bizarreries, les timidités, les contradictions du monde parlementaire.

» Nous pensions que dans l'exécution intelligente du mandat dont il était responsable, le ministre redresserait l'erreur commise et conjurerait le mal.

» En même temps, nous nous adressions directement et à plusieurs reprises à M. Rouvier pour qu'il tînt sa parole et allégeât les rudes exigences du fisc. Nous attendions, sur des promesses répétées, une solution sinon complète, du moins satisfaisante.

» Elle traînait, mais nous étions patients. Les mineurs se tourmentaient ; ils nous écrivaient, nous les rassurions. Sans nous consulter, ils revinrent encore à Paris, ce qui les dérangeait inopportunément, ce qui dévorait leur temps et leur argent.

» On les reçut encore gracieusement ; ils remportèrent de l'eau bénite de cour, salée pourtant de quelques ironies. Ils évoquaient le spectre de la faillite ; on leur répondit : « Eh bien ! quand vous serez à sec, vous ferez comme la Compagnie qui vous a précédés, vous passerez la main ! » Ils partirent peu satisfaits et non sans de sérieux motifs.

» Pourtant nous, rompus aux ficelles administratives, nous étions plus naïfs que ces simples ; nous étions incapables de nous figurer que ce remue-ménage d'apparat aboutirait au néant.

» Tout dernièrement, je reçois de Saint-Etienne une lettre qui m'annonce que la répartition des 50,000 francs est achevée et que les mineurs actifs de Monthieux voient passer devant leurs yeux le Pactole officiel sans avoir seulement le droit d'y rien boire. J'apprends du même coup que l'enregistrement reste inflexible comme par le passé. Je n'hésite plus : le premier train m'amène à Saint-Etienne et m'y voici ; je suis fixé, c'est parfaitement exact : tout est fini.

» Ma première visite a été pour le directeur de l'enregistrement, l'honorable M. Chabaud ; la seconde pour le préfet, l'honorable M. Lépine.

» M. Chabaud que j'interroge veut bien m'affirmer QU'IL N'A JAMAIS REÇU DE PARIS UNE INSTRUCTION, UN MOT RELATIF A UN DÉGRÈVEMENT QUELCONQUE...

» M. Lépine me fournit fort courtoisement tous les détails imaginables sur les instructions qu'il a reçues et auxquelles il s'est strictement conformé : la conclusion c'est que, sauf quelques cas urgents, des ouvriers qui sont plus ou moins descendus autrefois dans la mine de Monthieux, qui ont plus ou moins chômé, qui n'avaient rien demandé pour la plupart, reçoivent la totalité des sommes votées par le Parlement, qu'en revanche les ouvriers qui ont accepté le risque de l'exploitation, après avoir eu les mêmes tracas et plus de chômage que leurs compagnons, sont totalement frustrés.

» Je ne discute pas l'existence des infortunes qui abondent à Saint-Etienne, je m'émeus sur tous ces héroïques travailleurs dénués de ressources, je suis pris de pitié devant leur vie si pénible et perpétuellement exposée à d'effroyables dangers.

» Mais, encore une fois, qu'est-ce que 50,000 francs pour soulager tant de douleurs imméritées ?

» Au contraire, quel admirable triomphe si ces 50,000 francs suffisent à créer une œuvre d'émancipation et de justice, à faire fructifier une expérience unique. Or, les voilà détournés de leur route, de leur fin ! Ils sont gaspillés pour l'avenir, à peine utiles pour le présent. Encore bien heureux si les 10,000 francs du Conseil municipal de Paris et les contributions plus minimes des autres villes de France ne disparaissent pas dans le gouffre, dans le vide !...

» Je n'insiste pas sur une situation navrante où la légèreté le dispute à la mauvaise foi ; je ne m'étendrai pas davantage sur les tracasseries quotidiennes, coups d'épingle venimeux, qui assaillent les pauvres syndiqués de Monthieux : fausses nouvelles alarmantes, calomnies, menaces, coalitions perfides pour que leurs ingénieurs compétents refusent leurs services, pour que les autres ouvriers du bassin suscitent des ennuis, des revendications, au besoin des procès, jusqu'à l'intimidation des marchands de charbon pour qu'ils ne traitent pas avec la mine pestiférée de Monthieux !

» Je constate seulement que, traînés durant trois longs mois à travers les plus brillantes fantasmagories, les mineurs ont été bernés, que l'appui solennellement promis leur a été piteusement enlevé, que, sans les 50,000 francs de M. Marinoni, ils n'auraient pas un sou vaillant.

» Tout d'abord il était permis de craindre que ces 50,000 francs fussent insuffisants ; et, de fait, le succès dans ces conditions équivaut tellement à un miracle que de bonnes âmes escomptent déjà la débâcle prochaine. Malgré tout, j'ai lieu de penser que le miracle s'opérera !..... En tout cas, j'estime que la responsabilité d'un échec retomberait sur ceux dont le concours assurait largement le succès et qui se sont dérobés au premier tournant..... »

Dans un second article, Tristan fait le tableau des moyens techniques employés à Monthieux, du dévouement dont font preuve dans le développement de cette courageuse entreprise, MM. les ingénieurs Payen et Lafont. Il serait à citer tout entier. Mais je ne dois pas oublier que la question de la *Mine aux mineurs* n'est ici qu'une incidente, un moyen de démonstration, et je me borne à en extraire les passages suivants :

« M. Payen, qui règle ses évaluations avec une évidente discrétion, estime à 1,400,000 tonnes de houille le stock disponible de l'exploitation : la concession est de 71 hectares, et rien ne s'oppose à ce que ces espérances soient fortement dépassées. Acceptons le chiffre moyen de 15 francs par tonne qui est loin d'être élevé et vous verrez que le total est respectable, qu'une belle armée d'ouvriers peut vivre longtemps sur le domaine de Monthieux !

» 140 hommes y gagnent actuellement leur pain ; l'embauchage doit s'opérer méthodiquement, avec lenteur, au fur et à mesure de l'élargissement des galeries et de leur aménagement. Une cohue encombrerait les puits sans utilité pour personne.

» Cette sagesse même est une excellente note pour l'état moral de l'affaire. Elle n'est pas moins indispensable que le charbon pour aboutir.

» Je suis enchanté de l'accord qui règne entre les administrateurs, les travailleurs et les ingénieurs; chacun sait son devoir et l'accomplit ; les principes généraux sont fixés après discussion entre les sociétaires et les ingénieurs ; une fois la discipline établie et acceptée, tous reprennent leur place au poste ; les chefs commandent, les soldats obéissent.

« Ce sont tous des meneurs de grève, » m'a-t-on objecté ; oui, autrefois, mais maintenant ces meneurs sont raisonnables et paisibles entre tous ; c'est donc que le remède est bon ! Au lieu de les suspecter par routine, l'autorité serait plus habile en fortifiant l'exemple qui est fourni quotidiennement aux turbulents et aux fous.

» Lisez le règlement intérieur de la mine de Monthieux, et répondez s'il en est un plus sévère pour les moindres fautes. En somme, il n'y a qu'une différence entre elle et les mines voisines : c'est que les salaires y sont moins considérables, la journée moins courte, la rigueur des responsabilités plus raide ;

pourtant ces hommes sont contents : c'est qu'ils travaillent pour leur compte, ils ont plus de cœur au mal.

» Et ces administrateurs d'une espèce assurément peu commune, qui se surmènent le pic à la main durant la journée, examinent le soir bien avant dans la nuit des questions toutes nouvelles, luttant contre les subtilités de la procédure, se défendant contre les mille chinoiseries dont ils apprennent l'existence pour la première fois, pensez-vous que leurs cerveaux se soient subitement formés sans souffrance au souci de ces responsabilités inconnues, si énervantes et si troublantes ?

» Cependant ils sont fiers de ces tracas absorbants ; leur dignité s'est accrue à leurs propres yeux ; ils sont plus heureux, se sentant relevés vis-à-vis de leurs camarades et dans leur conscience intime.

» VOILA PEUT-ÊTRE LE SECRET, FONCTIONNAIRES DE PEU DE FOI, QUI REGARDEZ AVEC LA MÉFIANCE PROFESSIONNELLE ET LE MÉPRIS DES SCEPTIQUES NOTRE TIMIDE ESSAI SOCIAL !

» Mais vous avez beau remonter le courant et lui barrer le passage, la vérité sortira : si Monthieux avortait, ce n'est pas Monthieux qui aurait tort, ce serait vous, ne vous y trompez pas !

» Il est triste d'avouer que les hommes dont l'esprit est assez solide et assez droit pour s'attacher fermement à de telles expériences sont rares. Ils se révèlent où vous les soupçonnez le moins, ils s'éclipsent dans les rangs où l'intérêt joint à l'humanité devrait les faire surgir en plus grand nombre.

» Le mérite d'avoir mis en train l'achat de Monthieux par les mineurs eux-mêmes, héritiers de capitalistes dégoûtés, revient assurément à M. Frank Bertrand, un habile industriel de Saint-Etienne, homme d'initiative et de coup d'œil. Il est de ceux que les criailleries n'arrêtent pas, qui suivent leur chemin même quand leurs actes sont dénaturés ou calomniés.

» Monthieux n'est pas né de la politique ; j'ajoute que la politique seule pourrait fausser son caractère, comme elle irait en travers des intentions précises de M. Marinoni ; il entend aider une tentative pure de tout mélange, qui n'ait rien à démêler avec les coteries techniques et les partis rivaux. »

Enfin, il s'agit de conclure en ce qui concerne l'exemple fourni par l'affaire des mineurs de Monthieux, et Tristan le fait, dans un troisième article, avec une telle précision, une telle éloquence, que j'ai tout à gagner à le citer encore :

«... Vraiment, c'est un trop gros scandale que l'abandon de ces braves gens par ceux mêmes qui ont le plus prodigué d'éclatantes promesses, par le ministère et le Parlement.

» De retour à Paris, la contradiction me paraît encore plus monstrueuse qu'à Saint-Etienne même. *Tout ce qu'il y a d'incurie et de sans-façon dans les procédés du régime administratif* s'y révèle avec un tel cynisme que je ne puis quitter le sujet sans ajouter quelques dernières réflexions.

» J'ai la conviction que le public se joindra à moi et donnera à ma protestation la puissance que l'opinion confère aux bonnes causes.

» En somme, pourquoi complimenter, abuser de belles paroles et leurrer d'espérances ces ouvriers de

Monthieux, quand ils sont arrivés ici sans arrière-pensée, avec la seule idée de travailler et de réussir ?

» Pourquoi? pour se retourner tout d'un coup et les planter là !

» Ce sont bien des mœurs courantes, je ne l'ignore pas, dans les coulisses des Chambres ; mais ailleurs elles ne sont pas de mise, elles ne sont pas comprises.

» Vous ahurissez, vous consternez les cœurs que vous avez exaltés et gonflés d'espoir. Vous avez l'air de les prendre sous votre patronage ; ils s'attachent à vos engagements comme à des serments inviolables ; et puis, rien : c'est un désastre, non seulement parce que leur situation devient difficile, mais parce qu'ils ressentent l'épouvantable désillusion de ceux qui ont la foi et qui sont détrompés avec brutalité.

» J'admets parfaitement que le gouvernement, que les députés, que les sénateurs aient refusé au commencement de soutenir une opération sociale aussi neuve que celle de l'achat d'une mine et de son exploitation par les mineurs eux-mêmes.

» On avait le droit de répondre aux amis de l'œuvre que si elle est excellente et digne d'encouragement, c'est néanmoins une affaire d'industrie privée, que les représentants de l'intérêt général ne peuvent confondre leurs devoirs stricts envers tous avec leur sympathie pour quelques-uns.

» Je crois qu'il faut en rabattre de cette raideur, que la nécessité de modifier l'ordre social forcera la porte des étroitesses de la législation et des habitudes égoïstes de l'indifférence politique.

» Mais enfin cette opinion est reçue, ce système est admis, cette théorie est défendable.

» Alors prenez vos précautions plus tôt ; n'oubliez pas votre rôle, quand il s'agit d'accueillir dans vos cabinets, dans vos salons, d'humbles missionnaires du progrès social qui vont au but carrément, tranquillement, et qui vous disent : « Aidez-moi ! »

» N'oubliez pas votre rôle pour vous en souvenir ensuite quand il s'agit de tenir vos promesses, quand les malheureux, s'appuyant sur votre assurance, — incapables de se figurer qu'un mot léger, qu'un mensonge sortirait de votre bouche, — réclament l'assistance offerte et le concours solennellement garanti.

» Ne faites pas miroiter à leurs yeux des crédits de 50,000 francs pour le vote desquels vous déployez toute la pompe des usages parlementaires et aussi toute leur hypocrisie, qu'ensuite vous partagez entre d'autres mains.

» Quand leur présence et leurs sollicitations vous ont décidé à saisir les Chambres, est-ce que l'idée venait à personne que l'argent du budget consacré à Monthieux serait à tout le monde, sauf aux mineurs délégués du syndicat de la Loire, que vous promeniez de commission en commission, d'antichambre en antichambre, de rapporteurs à ministres ?

» M. Rouvier, M. Constans, M. Carnot les ont reçus et ils ont été enthousiasmés de la réception ; ils sont repartis avec la certitude qu'ils avaient bien vu les chefs tutélaires d'un régime républicain pleins de sollicitude pour les besoins des masses, débordant de bienveillance paternelle pour les faibles.....

» Il serait dangereux de recommencer souvent des plaisanteries comme celle de Monthieux, où vous avez mis en mouvement toutes les autorités, toutes les tribunes officielles, jusqu'à faire présider l'inauguration de la *Mine aux mineurs* par le préfet de la Loire, pour vous dérober le lendemain.

» Au total, cette expérience sociale, vous ne l'avez pas secondée, vous l'avez combattue, et si elle échoue ce sera votre crime.

» Supposez que, sur un terrain rebelle jusqu'ici à toute culture, stérile et ravagé, une plante rare pousse soudainement. Comment jugeriez-vous le jardinier qui s'est chargé de l'entretenir, d'aider ses débuts délicats, de l'amener à son plein développement, et qui verserait très loin tout autour, excepté sur la plante elle-même, l'eau dont elle a soif? Vous vous demanderiez infailliblement s'il est plus bête que méchant ou plus méchant que bête et vous ne résoudriez jamais le problème : car il est aussi bête que méchant.

» Eh bien ! sur le terrain si tourmenté où tant d'essais ont raté, où tant de sottises et de violences ont laissé d'innombrables ruines, où pourtant la préoccupation d'obtenir une moisson rémunératrice s'impose à tous les hommes d'État, dans les monarchies comme dans les républiques, dans le Nouveau comme dans l'Ancien Monde, — voilà qu'il se produit entre quelques hommes de bonne volonté, d'une part des travailleurs raisonnables, intrépides, de l'autre un ancien ouvrier devenu riche par son labeur et son esprit de découverte, — un accord pour attaquer de front le séculaire obstacle des inégalités, des injustices sociales.

» Là-dessus, les corps publics sacrifient un instant leurs terreurs ordinaires devant tout ce qui est original et audacieux ; ils nous font grâce de leurs pudeurs et de leur réserve, ils jurent que la plante si précieuse, l'arbuste si frêle, mais si riche d'avenir, — l'essai social, — ils le protégeront, ils mettront son feuillage encore tendre et ses fleurs naissantes à l'abri des vents empoisonnés de la malveillance et de l'hostilité.

» Nous et les ouvriers qui n'ont jamais été à pareille fête, nous sommes persuadés que le pas le plus rude est franchi.

» Nullement.

» Le gouvernement demande bien un crédit de 50,000 francs, le Parlement approuve ; c'est l'eau bienfaisante qui va fertiliser Monthieux.

» Seulement, le jardinier qui a rempli son arrosoir s'empresse d'arroser ailleurs, n'importe où ; l'administration a pris le liquide et l'a transporté là ; *elle présente des cahiers en règle, du point de départ au point d'arrivée ;* ELLE SE JUSTIFIE PAR DES PAPERASSES ; mais sur quel sol l'eau féconde est tombée, cela ne la regarde plus. Ah ! elle a fait son devoir, tout son devoir !

» Plus tard, si la faillite de Monthieux est consommée, les mêmes bureaucrates qui ont répandu les crédits parlementaires là où rien n'y avait germé, s'écrieront : « Tiens ! c'est fini, Monthieux ! Ce n'est pas surprenant ; ces histoires-là, c'est toujours la même chose. Est-ce que c'est possible ? Ça ne réussira jamais ! »

» Voilà, mes chers lecteurs, comment, sous les rayons du soleil parlementaire, la fameuse question sociale est encouragée.

» Après, vous serez sans doute moins étonnés si elle avance à pas lents ou à reculons, comme les écrevisses !

» Dans l'affaire que nous étudions, les beaux farceurs qui l'ont enguirlandée pour mieux l'égorger après me ripostent qu'ils n'ont pas pillé l'argent voté, puisqu'ils l'ont distribué sous forme de secours.

» Je ne les empêche nullement de consacrer à la charité des crédits beaucoup plus considérables et je les louerai fort d'en présenter de supplémentaires : *mais ce n'est pas ici la question, pas du tout.*

» J'estime que le succès de Monthieux entraînerait plus de joie et plus d'apaisement pour l'armée des travailleurs que toutes les charités qui ne sont pas inépuisables.

» Ce serait un exemple ; l'idée lancée par un triomphe matériel, palpable, visible, tangible, entrerait comme un coin dans le bloc obscur des conflits sociaux, où l'iniquité se mêle depuis des siècles à une stupidité incorrigible.

» Voilà pourquoi il importait de la pousser à tout prix, d'obtenir de l'argent et surtout de ne pas le perdre en combinaisons ridicules après l'avoir obtenu.

» Il y a entre la conduite que nous proposions à l'État et celle qu'il adopte la différence d'une charité inerte, qui s'use au petit bonheur, à une justice clairvoyante, judicieuse, qui choisit l'heure, le lieu, le moyen, qui crée une œuvre et la suit jusqu'au bout, jusqu'à éclosion intégrale.....

» Voilà ce qu'il serait temps d'apprendre aux détenteurs du pouvoir, aux mandataires du peuple ; si les programmes ne sont pas assez précis, si la mêlée électorale fausse parfois les aspirations de la démocratie, c'est bien là ce qu'elle veut, ce qu'elle entend réaliser ; ceux qui sont élus pour la satisfaire, ceux qui la dirigent pour la gouverner suivant ses instincts et ses besoins, erreraient singulièrement *s'ils se bornaient à continuer le métier de politiciens sans scrupules et sans bonne foi,* LE PLUS VAIN ET LE PLUS VIL DE TOUS LES MÉTIERS, ENFILEURS DE PAROLES ET MAQUIGNONNEURS DE CRISES !

» **Cela dure ce que cela dure ;** mais les gogos les plus endurcis finissent par s'apercevoir à la fin de la comédie qui leur est jouée, **et alors gare à la boutique, gare aux comédiens : voilà les pommes cuites !** »

Le tableau n'est point flatteur, mais en revanche il est d'une absolue exactitude.

On transformerait la France, disait il n'y a pas longtemps un député naguère impérialiste, aujourd'hui rallié à la République, l'honorable M. Robert Mitchell, avec les projets qui sommeillent dans les cartons verts des commissions parlementaires et ne sortiront jamais de ces limbes obscurs pour apparaître à la lumière encore discrète de l'ordre du jour.

Les députés qui les ont déposés ont voulu se dégager d'obligations contractées pendant les luttes électorales ; il suffit à leur gloire d'établir leur bonne volonté par des textes imprimés, mais ils ne s'illusionnent pas sur le sort que réservent à leurs propositions les usages parlementaires, et, résignés, ils recommandent à leurs électeurs de se montrer patients.

Aucune réforme importante ne peut, en effet, aboutir dans le Parlement tel qu'il est aujourd'hui composé ;..... la majorité ne peut maintenir sa cohésion accidentelle qu'à la condition d'observer une immobilité à peu près complète. Un pas en avant, un regard en arrière et tout se disloque. Nous en avons eu des preuves réitérées. Les invalides du travail attendent impatiemment cette retraite ouvrière qu'on leur promet depuis si longtemps ; la Chambre ne semble pas avoir le loisir de songer à leurs souffrances. D'autres soucis l'assiègent, d'autres besognes la sollicitent. Eh bien, que nos députés le sachent : s'ils ne se hâtent de mettre sérieusement la main à la besogne, tout cela finira mal. Le pays commence à voir clair dans le jeu de ses représentants et ceux-ci ne pourront pas continuer longtemps encore à l'amuser avec les verres grossièrement enluminés de la lanterne magique parlementaire.

A son avènement au pouvoir, le cabinet Loubet disait excellemment :

« Pour nous la République n'est pas seulement une forme de gouvernement, elle représente l'ensemble des institutions nées de la Révolution française. Elle a pour condition d'existence la souveraineté du suffrage universel, toujours plus libre et plus éclairé, et l'indépendance absolue de la société civile. Elle a pour but la répartition de plus en plus équitable des charges et des avantages communs, l'élévation progressive de tous à un degré croissant de bien-être matériel et moral.

» Messieurs, ce n'est pas seulement pour le parti républicain que nous voulons gouverner ; c'est pour le pays entier. Mais c'est avec le parti républicain et par lui que nous comptons réaliser ces idées qui forment son patrimoine traditionnel.

» Nous demandons donc à tous les républicains de s'unir à nous pour cette œuvre. Leurs divisions en compromettraient le développement. Leur union en assurera le triomphe et fondera définitivement la paix dans la République et la grandeur de la France dans le monde. »

La Chambre aura-t-elle cette sagesse ? Il faut l'espérer. Mais trop d'expériences nous ont appris à douter pour que nous nous leurrions d'un espoir bien solide.

Des faits récents sont là pour nous rappeler qu'elle est encore à la merci des coups de surprise préparés dans les couloirs par quelques manouvriers émérites.

Ah! combien cependant il serait heureux pour le pays, pour la République et pour la démocratie, que se puisse réaliser d'ici aux prochaines élections générales une partie seulement de l'admirable programme dont M. Floquet traçait les grandes lignes dans son discours d'ouverture de la session actuelle :

« Nul, disait-il, ne saurait sans injustice exiger que cette assemblée épuise avant l'expiration de son mandat toute la série de ces projets : — propositions diverses sur la liberté d'association, les retraites ouvrières, les caisses d'épargne, le privilège de la Banque de France, le Crédit agricole, la réforme judiciaire, la compétence des juges de paix, l'arbitrage, etc. ; — mais pour remplir tout notre devoir, il nous faudra faire avec résolution un choix raisonné entre ces matériaux d'un poids différent et nous imposer une méthode sévère, si nous voulons construire et laisser après nous un édifice modeste, mais solide.....

» On ne fait pas les mêmes lois d'affaires pour une société qui veut se développer dans la pleine égalité de la démocratie, et pour un régime qui nourrirait l'espoir de protéger plus ou moins directement les derniers contreforts du privilège.

» On ne fait pas les mêmes lois sociales, quand on part des doctrines de la grâce et de l'aumône, et quand on veut fonder l'avenir sur la justice et la solidarité,

Qu'y a-t-il de commun entre le socialisme théocratique du Paraguay et la libre recherche du bonheur social donné pour but au gouvernement moderne par la Déclaration des droits de l'homme, par les préliminaires de la constitution de 1848, par les programmes de la République militante ?

» C'est une grande et noble ambition pour un gouvernement, et c'est l'ambition de la République de réunir dans la paix civile, sous la protection due à tous de la loi commune, des hommes qui ont été séparés par tant de révolutions donnant naissance à tant de souvenirs respectables, mais aussi à tant d'erreurs et de préjugés. Cette conciliation est assurément désirable entre les personnes ; mais les idées ne sauraient se concilier de la même manière, et l'histoire du progrès de l'humanité est faite de l'élimination successive des principes vaincus par les principes victorieux.

» L'honneur du gouvernement libre est d'avoir transformé en débats pacifiques cette lutte incessante qui était jadis le jeu de la force et dans laquelle l'étranger lui-même intervenait, au grand détriment de notre unité nationale. Aujourd'hui, c'est entre nous, dans nos assemblées élues, sous les yeux de nos concitoyens, que nous combattons avec la même énergie, par les seules armes de la liberté, pour nos doctrines politiques ; mais ce combat de chaque heure laisse notre patriotisme intact, et communes nos douleurs et nos joies nationales.

» Ainsi, il y a quelques mois à peine, à la nouvelle de manifestations sympathiques qui avaient accueilli loin de nous les plus humbles de ses soldats comme les meilleurs de ses officiers, la France entière, d'un seul cœur, a senti un long tressaillement d'espérance. Après avoir entendu une parole qui la réconfortait, elle s'est montrée loyalement et chaleureusement reconnaissante, comme une nation généreuse qui a éprouvé le juste orgueil d'être comprise dans ses aspirations, honorée dans sa force reconquise.

» C'est sous le drapeau déployé de la République qu'elle a reçu enfin cette satisfaction donnée à notre longue patience et à nos longs efforts, — et c'est justice, puisque la République a uni jadis tous les patriotes pour la défense désespérée de l'honneur ; puisque, s'élevant au-dessus des querelles et des ambitions, elle a uni tous ses législateurs et tous ses gouvernants dans l'œuvre de la reconstitution militaire ; puisque, dans l'avenir, en unissant tous les Français autour d'elle, elle les rendra invincibles pour la double mission qui consiste à faire triompher la justice dans notre démocratie et, entre les nations, la paix solide fondée sur le respect du droit. »

Ce sont là de bonnes et belles paroles qui expriment, j'en suis persuadé, aussi bien les sentiments de la presque unanimité des Français que le sincère désir de la majorité de nos représentants. Mais — ceux-ci ne sauraient le contester — les actes jusqu'ici ont été trop souvent en désaccord avec les paroles, au moins en ce qui concerne la rigoureuse application des principes démocratiques à notre législation politique et sociale. En dépit de tous les beaux discours, en dépit même des promesses formelles des candidats à leurs électeurs, il s'est fait bien peu de chose dans le sens d'une plus juste répartition des charges publiques, d'une sérieuse amélioration du sort de la classe la plus nombreuse des citoyens — celle qui peine à la tâche parfois accablante du labeur quotidien.

Grâce à la division des partis au sein du parlement tel qu'il est composé aujourd'hui, aucune réforme importante ne peut aboutir. Et si quelque loi utile, contenant en germe le principe d'une justice distributive plus conforme aux vœux de l'opinion, est adoptée, on ne sait quelle occulte obstruction s'exerce sinon pour en détruire l'économie, tout au moins pour en atténuer les effets et laisser le pays gros Jean comme devant dans l'ornière de l'injustice, de l'inégalité et du privilège.

D'où cela vient-il ? Je l'ai déjà dit : tout d'abord de la puissance abusive des « bureaux », de la quasi omnipotence d'une bureaucratie hostile à tout progrès radical, à toute réforme qui la vient déranger dans ses habitudes paperassières et son culte pour sainte Routine. Mais cela vient aussi de l'absence de tout programme défini, d'un corps de doctrines homogène, délibéré, codifié en assemblées publiques et consenti par le candidat législateur qui s'engagerait, s'il est nommé, à en assurer l'application par ses votes, soit à la Chambre, soit au Sénat.

On a présenté récemment un projet de loi qui consisterait à donner au mandat législatif une durée de six ans ; il est vrai que la Chambre qui l'exerce serait renouvelable par moitié tous les trois ans. Je trouve cette réforme bien singulière. De qui se moque-t-on ici ? L'opinion publique estime que la durée actuelle de ce mandat est trop longue et les auteurs du projet ne trouvent rien de mieux que de la prolonger en réalité de deux années ! Si l'on veut faire quelque chose d'utile et qui réponde aux vœux du pays, il convient au contraire de la réduire en adoptant le renouvellement bis-annuel par moitié : on infuserait ainsi tous les deux ans un sang nouveau à celle des Chambres à qui revient surtout le pouvoir législatif et l'on intéresserait de plus en plus le peuple à ce contrôle souverain et permanent qu'il doit exercer sur les actes de ceux qui le représentent ; on mettrait par là un obstacle efficace au népotisme de MM. les députés qui, placés à bref délai, sous le coup du verdict populaire, seraient moins enclins à se laisser diriger dans leurs votes par des inspirations d'intérêt personnel ou de favoritisme, moins accessibles aux séductions ministérielles.

Les réformateurs se comptent par milliers en France. Il n'est sorte de projets de réorganisation gouvernementale et parlementaire qui ne se soient produits en ces dernières années ; mais beaucoup, hélas ! sont absolument chimériques. De toutes les propositions faites à ce sujet, j'ai retenu quelques idées qui me paraissent contenir en germe une réforme raisonnable et digne de l'examen du législateur.

La Chambre des députés serait élue pour quatre ans, mais renouvelable tous les deux ans par moitié. Le mandataire élu par une circonscription, sur un programme défini et arrêté en assemblée publique, serait considéré comme démissionnaire s'il venait à voter sur un point essentiel contrairement au programme accepté par lui et aux engagements pris vis-à-vis de ses électeurs. Trop souvent on a vu, en effet, le député agir au Palais-Bourbon dans un sens absolument contradictoire aux promesses du candidat. Cela est déshonnête, et toute déshonnêteté doit être punie, aussi bien lorsqu'il s'agit d'un acte public que lorsqu'on a affaire à un acte privé. Voter au rebours des engagements souscrits envers ses électeurs, c'est se déclarer par là même indigne du mandat que ceux-ci vous ont confié.

Mais c'est le mandat impératif que vous imposez à l'élu, me dira-t-on. Pourquoi pas? Le député n'est-il pas envoyé à la Chambre pour y exécuter la volonté de ceux qui lui ont délégué leurs pouvoirs sous certaines conditions? C'est pour remplir ce devoir qu'ils l'ont élu. Souffrez que, s'il y manque, les mandants lui retirent le mandat dont ils l'avaient chargé. Il n'y a là que justice pure. Sans doute la révocation du mandataire infidèle ne sera prononcée qu'après comparution du délinquant devant ses électeurs réunis en nombre suffisant pour la prononcer d'une manière valable, si les explications de celui-là ne paraissent pas de nature à justifier le vote incriminé. Ces comparutions devraient avoir lieu d'office tous les six mois au moins — ce qui serait pour le député une occasion de rendre compte de ses actes — et, en cas d'urgence, à la sommation de la majorité des électeurs de la circonscription exprimée par voie de pétition adressée au bureau de la Chambre.

On trouvera peut-être ce procédé impraticable. Je ne conteste pas qu'il soit d'une application difficile, au moins à première vue. Mais s'il fallait renoncer à la solution d'un problème parce qu'elle présente des difficultés, autant vaudrait déclarer d'emblée que tout est pour le mieux dans le meilleur des mondes et qu'il n'y a rien à y changer. Ce qui est indéniable, c'est que l'état de choses est défectueux, qu'il rend tout progrès sérieux, toute réforme essentielle impossible. Il faut donc chercher les moyens d'y remédier. Un fait non moins certain, c'est que nous n'avons pas au parlement une majorité réformatrice, vraiment résolue à appliquer jusque dans leurs dernières conséquences les principes démocratiques, la parfaite égalité de tous devant la loi.

Et cela s'explique aisément par la manière dont se font les élections. Les pratiques de la monarchie et de l'empire sont encore trop en honneur dans notre pays quand il s'agit de l'exercice du premier des droits civiques. « L'administration » — nous la retrouvons toujours lorsqu'il s'agit de peser sur le suffrage universel, de l'*influencer*, d'en fausser le jeu si cela est possible, — l'administration, dis-je, met tous ses agents en campagne pour arriver à un résultat conforme aux désirs de ceux qui détiennent le pouvoir. Depuis le préfet du département jusqu'au plus humble des gardes-champêtres ou des cantonniers, tous les rouages de la machine s'attellent à la même besogne : faire élire un candidat qui soit agréable au gouvernement ou à la coterie toute puissante dans la région et dont, le plus souvent, le préfet, le sous-préfet, le cantonnier, le garde-champêtre se garderont bien de mécontenter les chefs par une attitude hostile ou même simplement neutre.

« Voilà, comme le dit l'auteur de la *Démocratie libérale*, l'origine de ces cohues parlementaires auxquelles nous devons des majorités de rencontre qui se dispersent au premier vent de discorde et des ministères qui n'ont d'avis sur rien, ni d'action sur personne. »

Il s'ensuit, en effet, qu'aucun ministère ne peut s'appuyer sur un groupe compacte et résistant. S'il se prononce dans un sens, il a contre lui tous les groupes opposés à sa manière de voir et de résoudre la question en délibération. Ne rien faire pour pouvoir vivre, tel devient son programme. Est-ce à dire, comme le pense et le déclare M. Vacherot, que la démocratie républicaine soit condamnée à cette fatalité? Non pas! Nommez des députés qui aient formellement accepté le programme délibéré et imposé par les assemblées électorales et qui se soient soumis par avance à la révocation qu'entraînerait toute violation de leurs engagements, et vous verrez si les ministères réformateurs, s'inspirant des vœux de l'opinion publique, n'auront pas la vie longue. Où je suis entièrement d'accord avec l'auteur de la *Démocratie libérale*, c'est quand il dit : « Tant que les électeurs voteront sur une équivoque, sans programme défini, les élus ne parviendront pas, avec toute la bonne volonté possible, à former une majorité homogène, ni à faire un vrai gouvernement. »

Et puis, il y a beaucoup trop de monde au Palais-Bourbon comme au Luxembourg. Quand on réduirait d'un bon tiers le personnel parlementaire, le gouvernement de la France y gagnerait de toutes les façons. Il y a trop de bavards dans l'une et l'autre Chambre, mais il y a surtout beaucoup trop de muets qui nous coûtent cher et ne font pas grand'chose. J'y vois des légions d'avocats — engeance éminemment procédurière et prodigue de harangues — qui seraient mieux à leur place à la barre qu'à la tribune, dont la fonction sociale est bien plutôt de défendre la veuve et l'orphelin que de confectionner des lois. J'y vois trop de médecins qui seraient certainement plus qualifiés — ceci soit dit sans aucune ironie — pour soigner les rhumatismes de leurs clients que pour guérir de ses maux notre souffrante démocratie. Tous ces avocats, tous ces médecins, tous ces ingénieurs — il en faut, mais pour Dieu, il y en a de trop ! — nous fabriquent des lois qui n'en finissent pas, des lois de trois cents articles, alors que trente auraient largement fait l'affaire, des lois qu'on peut sans casuistique aucune interpréter de deux ou trois façons différentes, parfois contradictoires, des lois qui tombent promptement en désuétude parce qu'à l'usage on en a bientôt reconnu l'impraticabilité.

On ne s'attend pas, je suppose, à trouver dans cette courte étude une organisation gouvernementale de toutes pièces, définie dans tous ses détails et prête à fonctionner après avoir reçu la sanction souveraine. Mon ambition se borne à y indiquer, aussi brièvement que possible, les points sur lesquels devrait, semble-t-il, porter la réforme des grands corps de l'État, et je me résume en ces quelques mots :

La durée du mandat confié à l'exécutif réduite à quatre ans ;

L'organisation et les attributions de ce pouvoir simplifiées et démocratisées ;

La durée du mandat législatif maintenue à quatre ans avec renouvellement bisannuel de la moitié des députés ;

Le Sénat élu dans les mêmes conditions qu'aujourd'hui, mais pour une période de six années seulement et renouvelable par tiers tous les deux ans ;

Le nombre des députés et des sénateurs réduit d'un quart au moins ;

Les membres des deux Chambres considérés comme

démissionnaires à la suite d'un vote qui serait en contradiction formelle avec les engagements pris par le candidat ou avec le programme accepté par celui-ci avant son élection, et révocables par voie de pétition signée de la majorité des électeurs de l'arrondissement ou du département qu'il représente.

J'aurais aussi à parler de certaines monstruosités du règlement et, par exemple, de l'étrange faculté accordée à un député de voter pour son collègue absent, ce qui a été trop fréquemment la cause de formidables erreurs. Il y a là quelque chose de si anormal, de si contraire aux lois de la logique et même de la bienséance, que je m'étonne qu'on l'ait laissé subsister jusqu'à ce jour. Comment ! vous aurez le droit de charger un collègue de voter pour vous, alors que vous êtes à la buvette en train de siroter un apéritif ou que vous courez les ministères pour solliciter une faveur au profit de quelque électeur influent ! Et le collègue, distrait, jettera dans l'urne — cela s'est vu — tout le paquet à la fois, ce qui fait qu'au pointage on se trouve en présence de plus de voix qu'il n'y a de membres de la Chambre ! C'est inimaginable ! c'est scandaleux !

Mais si je voulais m'arrêter à tous ces détails, énumérer toutes les critiques auxquelles prête le fonctionnement de la machine parlementaire, il me faudrait un gros in-folio, non un modeste opuscule comme celui-ci.

J'ai hâte d'épuiser le sujet en ce qui concerne l'organisation gouvernementale, pour aborder les questions brûlantes, c'est-à-dire celles de l'économie politique proprement dite qui touchent aux intérêts vitaux du pays et dont la solution préoccupe le plus gravement la nation tout entière. Pour cela, il me reste à dire quelques mots de la Justice, de la façon dont elle est administrée en France et des réformes qu'appelle cette partie si importante de notre état social.

Après la satisfaction du premier de ses besoins, qui est celle du ventre — car pour vivre il faut manger — la nécessité la plus impérieuse pour l'homme est incontestablement celle de la justice. Cette nécessité découle d'un sentiment inné en lui, d'un instinct presque aussi vif que celui dont l'estomac est l'organe, parce qu'il est la manifestation d'une de ses aspirations les plus hautes, celle du bien absolu.

Si, dans ce domaine, la perfection consistait en un outillage plantureux, en un organisme savamment compliqué, nous pourrions nous vanter de posséder la première justice de l'univers. Mais, ici comme en beaucoup d'autres choses, la quantité ne fait pas la qualité. On se plaint avec raison qu'en dépit de cette surabondance d'instruments, l'administration de la justice française soit sujette à de sérieuses critiques. Ecoutez ce qui se dit à cet égard dans les foules, recueillez les propos auxquels donnent lieu journellement les arrêts rendus par nos tribunaux et vous serez édifiés sur ce que l'on en pense. Or, rien n'est plus dangereux pour l'ordre social que de laisser s'acclimater dans l'esprit public cette défiance universelle, ce scepticisme absolu à l'égard de la Justice, de la loyauté et de l'équité de ceux qui la rendent.

Nul pouvoir au monde ne devrait exercer la moindre influence sur les magistrats de l'ordre judiciaire. Ceux-ci ne devraient être accessibles à aucune considération de personnes, ni de situations sociales. Hélas ! qu'en est-il, en réalité ? Ne voyons-nous pas trop souvent encore la Justice rendre des services, non des arrêts ; punir impitoyablement le misérable qui aura volé un pain à l'étalage du boulanger et laisser en paix le mirliflore qui aura subtilisé des millions à sa clientèle de gogos ; achever la ruine du malheureux débiteur dans la gêne par des frais abusifs ; refuser toute réparation à ceux qu'elle a condamnés à tort, sous prétexte qu'elle est impeccable et qu'elle ne se trompe jamais !

Il faudrait un volume pour énumérer tous les faits importants qu'il y aurait à citer à l'appui de ce qui précède, même si l'on se bornait aux dossiers judiciaires des dix dernières années. Mais il y a plus : si l'on est en droit de critiquer le caractère fantaisiste et l'iniquité de beaucoup de jugements rendus par la Thémis française qui, s'inspirant de la légende mythologique, semble se complaire à épaissir son bandeau, l'on est fondé davantage encore à lui reprocher l'arbitraire dont elle use parfois avec une incroyable désinvolture. Vous vous étiez imaginé sans doute, comme moi, que la prise de la Bastille et la révolution qui suivit ce mémorable événement avaient pour jamais fait disparaître de nos mœurs et de nos usages judiciaires la fameuse « lettre de cachet » des anciens régimes ? Eh bien ! nous étions vous et moi dans l'erreur. Grâce à certaine interprétation de la loi de 1838 concernant les aliénés, il suffit de la complaisance imbécile ou coupable de médecins et de magistrats pour faire prononcer l'internement d'un parent dont on guette l'héritage ou dont on a un intérêt quelconque à se débarrasser. Mes lecteurs ont présentes à la mémoire les scandaleuses affaires de cette sorte qui ont défrayé la chronique en ces derniers temps. Ils n'ont pas oublié, entre autres, celle de Villejuif qui dépasse en arbitraire, en sottise, sinon en cruauté, tout ce que le roman le plus fantaisiste a pu inventer en ce genre.

Voilà une pauvre fille internée dans un asile d'aliénés depuis un temps déjà long, à la suite de quelques frasques sans conséquences graves. Ses parents, convaincus qu'elle est aujourd'hui revenue à un état normal, qu'elle est absolument inoffensive, réclament la libération de leur fille, de leur sœur, qui elle-même demande à grands cris d'être rendue aux siens, d'être délivrée de cet enfer de la folie où on l'a jetée, où elle sent que va sombrer sa raison chancelante. Mais l'enfer tient sa proie ; il la tient bien ; il ne la veut point lâcher. Que font les parents ? Puisque l'autorité est sourde à leurs réclamations éplorées, aux cris de la victime, ils la délivreront de gré ou de force ; ils l'arracheront à l'horrible prison où on la détient malgré eux. L'enlèvement a lieu, non sans quelques horions. Des gardiennes à cornettes sont bousculées par les ravisseurs. De là, procès et condamnation de ceux-ci, puis réintégration brutale de la pauvre victime dans le cabanon que la police lui a assigné pour demeure.

Et savez-vous ce que les médecins viennent déclarer au cours du procès provoqué par l'enlèvement de la malheureuse Mlle Dourches ?

Qu'elle se tient convenablement !

Mais, pour Dieu ! si elle se tient convenablement, de quel droit refuse-t-on de lui rendre la liberté ? Le premier internement, maintenu contre le vœu de la famille Dourches, était déjà une monstruosité ; la réintégration de la pauvre fille à Sainte-Anne est non seulement une infamie, mais c'est encore une violation du droit personnel proclamé par les lois, confirmé par la jurisprudence. En effet, un arrêt de la cour de Besançon dit ceci :

« Lorsqu'une personne est sortie ou s'est évadée » d'une maison d'aliénés, et qu'il s'est écoulé quelque » temps depuis lors, la liberté reconquise devient pour » cette personne un droit auquel on ne peut porter at- » teinte sans remplir toutes les conditions et formalités » requises pour un premier internement. »

Je dis que de tels actes, dont l'arbitraire le dispute à l'odieux, sont de nature à jeter un triste jour sur la façon d'administrer qui fleurit en France sous le régime de la République, en l'an de grâce 1892. Ils soulèvent à bon droit l'indignation publique et viennent augmenter la somme — déjà grosse — des rancunes de la nation.

Sans parler davantage des questions de principes où la Justice de notre pays est trop souvent en contradiction avec la charte immortelle des Droits de l'homme, voyons un peu comment elle procède dans les petits détails. J'entends faire allusion aux frais dont elle agrémente sa coûteuse administration. Méditez ce que disait M. le député Dumonteil, dans la séance du 2 février 1891, à l'appui de son projet de loi sur la taxe des frais des officiers ministériels :

« J'hésitais à demander l'urgence, mais un fait qui vient de se passer dans mon arrondissement a levé tous mes scrupules.

» Une malheureuse femme était poursuivie pour 59 francs; en quelques jours elle a vu faire contre elle pour *778 francs de frais*. Jusque là, rien que de très naturel;

mais ce qui est fâcheux, ce qui est navrant, c'est qu'elle s'est présentée chez l'huissier avec les 59 francs qu'elle devait et une somme suffisante pour payer les frais déjà faits, et l'huissier a réclamé 20 francs qui n'étaient pas dus.

» Elle a protesté ; elle a été mise à la porte, et en quelques jours on a fait pour 778 francs de frais.

» Aujourd'hui, ses biens ont été vendus aux enchères par la justice. Elle est ruinée ; elle n'a plus de maison ; elle sera dans la misère jusqu'à sa mort, parce que l'officier ministériel, sûr de l'impunité, a réclamé 20 francs qui n'étaient pas dus. »

Il y aurait des milliers d'exemples pareils à citer. J'en indiquerai deux ou trois encore :

« Un M. E. M... devait à un cafetier de sa localité une somme de 7 fr. 50. Il fut poursuivi, et l'huissier chargé de le dévaliser trouva moyen de lui faire pour 100 fr. 40 de frais.

» Un épicier avait acheté un fût de vinaigre dont, pour diverses raisons, il ne put prendre livraison. De là procès, poursuites et note à payer. Le fût valait 11 fr. 35. On lui fit pour 378 fr. 85 de frais. L'épicier n'ayant pu payer, son fonds a été vendu et il est maintenant dans la plus profonde misère.

» Une dame P... souscrit un billet de 1,000 francs qu'elle ne peut payer à l'échéance. Aussitôt papiers timbrés de neiger chez la débitrice. Assignations, jugements, sommations, procès verbaux, se succèdent avec une rapidité fantastique. Son fils, bien qu'étranger à l'affaire, en est accablé. On saisit ses meubles, on va les vendre. C'est miracle qu'il arrive à les sauver. Mais on se rattrape largement sur sa mère. Elle paie

1,600 francs de frais et doit toujours les 1,000 francs du principal.

» Un dernier exploit (le bien nommé !) en aura raison. L'huissier apprend qu'elle possède assez loin de son domicile, dans la Creuse, une propriété évaluée 30,000 francs ; il la fait vendre au prix dérisoire de 7,000 francs.

» Cependant la débitrice, informée par l'avoué de Guéret que la vente n'aurait pas lieu si elle versait 500 francs entre les mains de son implacable ennemi, s'était empressée de porter la dite somme à l'huissier, lequel l'avait tout bonnement encaissée..... en acompte sur ses frais !

» C'était le comble. La victime, trop rudement écorchée, cria, se remua, plaida : elle vient d'obtenir contre son persécuteur un jugement qui le condamne à 3,000 francs de dommages-intérêts. »

Thomas Grimm, du *Petit Journal*, auquel j'emprunte ce dernier exemple, s'écrie avec raison :

« Dame ! il faut bien que leurs charges rapportent (officiers ministériels), puisqu'elles sont vénales, tout comme au temps où le naïf Jacques Bonhomme rédigeait ses cahiers de doléances. — Vous savez bien, en 1789 !!! »

Et, cependant, la Révolution avait aboli la vénalité des offices ! Mais la Restauration la rétablit par sa loi du 28 avril 1816, d'une manière subreptice il est vrai.

Benoît Malon, dans son *Socialisme intégral* (Des réformes possibles et des moyens pratiques), signale aussi les méfaits d'une institution dont les incartades ont vivement ému l'opinion depuis quelques années. Il s'agit des syndics de faillites, qui prétendent sans aucun droit à la transmissibilité de leur prétendue charge. Il y a gros à gagner dans ce métier, paraît-il. Déjà en 1885, le *Moniteur Général*, dirigé par M. Ajasson de Grandsagne, appréciait en ces termes les services de cette corporation :

« Les émoluments des syndics sont scandaleux ; on peut citer plusieurs faillites ayant produit au syndic près d'un million de bénéfice. Rien que la faillite de l'*Union Générale* assure une fortune au syndic, qui aurait donné un dividende très honorable aux créanciers. »

Un dernier exemple, et je l'emprunte à Thomas Grimm du *Petit Journal* — on n'emprunte qu'aux riches !

« Au décès d'un pauvre vieil homme, paysan de la commune espèce, propriétaire et journalier, ayant vécu du loyer de ses bras et de la culture de son champ, divers héritiers, dont un mineur, ont à se partager la maisonnette, le chétif mobilier et le morceau de terre laissés par le défunt. Comme, dans ces biens, aucun ne peut choisir et prendre un lot à sa convenance, et que chacun veut sa quote-part de leur valeur intrinsèque, que d'ailleurs on leur représente qu'en tout état de cause il faut sauvegarder les droits du mineur par une expertise légale, nos gens assemblés décident de vendre le médiocre legs.

» C'est dit. Livrez au feu des viles enchères les meubles familiers du vieux paysan, et que tout se disperse ou passe en des mains indifférentes de ce qui gardait souvenir de son humble existence et comme une parcelle de son âme évanouie !

» Et la vente eût lieu en vertu de la loi qui, sous le

nom d'enregistrement, exerce sur les mutations et les ventes de propriété des *droits fixes*, injustement les mêmes pour les petites et les grandes, et des *droits proportionnels*, réglés à rebours de l'importance des successions ; de la loi qui multiplie autour des moindres héritages, comme dans la plupart des actes de la vie où elle est requise, les formalités décourageantes et les taxes ruineuses ; de la loi qui, malgré les révolutions égalitaires, les plaintes et les vœux d'un peuple assoiffé de justice, les écrits éloquents des penseurs, conserve à l'État démocratique les abus de la monarchie absolue.

« Grâce à cette bonne loi si dure aux faibles, vous devinez ce qu'il advint de la succession du vieux paysan. Elle passa, comme une muscade, dans la caisse du fisc et des officiers ministériels. L'État, je suppose, prit selon la coutume 20, 25 ou 30 pour cent sur la vente des meubles et de l'immeuble ; les officiers ministériels se partagèrent la grosse portion. Dame ! il faut bien que leurs charges rapportent, puisqu'elles sont vénales...

» Mais, dites-vous étonnés, par quels moyens captieux, quels procédés subtils, parvint-on à frustrer les héritiers de ce qui leur revenait ? Frustrés ? vous n'y êtes pas et ce n'est pas là le beau de l'affaire, le fin du fin de l'histoire.

» Le futur avoir de nos gens, entendez-moi bien, ne fut pas seulement escamoté net, mais, tous comptes faits, ils durent encore passer chez M. le percepteur ou M. le receveur, pour solder le surplus des frais.— Ils redevaient donc ? — Parfaitement. Le mobilier, par exemple, évalué et vendu 240 francs, en payait 242 au fisc et aux hommes de loi. Le reste à l'avenant. Ils s'exécutèrent, et pour se consoler mutuellement de la fâcheuse mésaventure, je pense que le soir, à la veillée, ils essaient de déchiffrer ensemble, sinon de comprendre, les grimoires archi-timbrés dont on les pourvut généreusement, *dans leur intérêt*. C'est ainsi que l'on s'instruit. Qui sait si le mineur n'apprendra pas de la sorte à *tourner* la loi ?

» Remarquez ceci, avant conclusion: l'opération n'eut en elle-même rien que de correct et de très simple. Il y suffit d'un certain nombre de démarches appelées *vacations* : vacations d'huissier, d'avoué, de notaire et de greffier, et d'un nombre plus grand de procès-verbaux : procès-verbaux d'apposition de scellés, d'assemblée de famille, d'affichage, de jugement, d'expertise, d'homologation, d'adjudication, etc., etc. »

Eh bien ! il faut en finir avec de tels abus. Non seulement il est indispensable que la vénalité des offices soit abolie, mais il convient que cette abolition soit complétée par une sérieuse réforme judiciaire, et je formulerais brièvement celle-ci dans les propositions suivantes :

Amovibilité de tous les juges, à quelque ordre, à quelque catégorie qu'ils appartiennent, afin qu'ils ne puissent pas, leur vie durant, braver l'opinion publique;

Nomination aux divers grades de l'ordre judiciaire par un tribunal suprême, sur des listes de présentation émanées du suffrage universel ;

Réduction du nombre des tribunaux ;

Augmentation des pouvoirs — ou, pour me servir de l'expression en usage, de la compétence des juges de paix, qui seraient appelés à prononcer sur les différends civils ne portant pas au-delà d'un chiffre déterminé ;

Suppression de tous les privilèges et de tous les monopoles des corps dits judiciaires ;

Abrogation de la disposition (loi de finances de 1816) autorisant les officiers ministériels à présenter leur successeur et, conséquemment, abolition du droit de propriété et de transmission commerciale des offices.

Le cadre restreint de cette étude ne me permet pas d'entrer dans les détails de la procédure à suivre et des moyens à employer pour réaliser cette réforme capitale. Il est à peine besoin de dire que l'auteur de ce modeste opuscule n'a pas eu la témérité d'y formuler un plan social qui résoudrait toutes les questions si graves que soulève l'examen de l'état de choses actuel. Sa seule prétention est de les poser clairement et dans leur ordre d'importance devant l'opinion publique, en indiquant d'une façon générale et succincte ce qui lui paraît être le *desideratum* de l'immense majorité des citoyens français.

Les questions sociales

—

J'arrive au cœur même de mon travail.

Ce sont, en effet, les questions sociales — la question sociale si l'on veut — qui priment à cette heure et la réforme de l'Exécutif, et celle du Législatif, et celle du Pouvoir judiciaire.

Cela est très naturel ! Avant de savoir si l'on est bien ou mal gouverné, bien ou mal administré, si l'on jouit, dans toute leur plénitude, des droits politiques et civils dont la Révolution de 1789 et la Constitution de 1791 avaient proclamé l'imprescriptibilité, il s'agit de se demander si l'organisation sociale actuelle assure au travailleur, à celui qui n'a pour vivre et pour nourrir sa famille que le produit de son labeur journalier, la juste rémunération de ses peines, et si la fonction qui lui incombe dans la société est équitablement rétribuée.

Il serait puéril de nier que la troisième République ait fait faire un grand pas au progrès, lorsqu'on l'envisage exclusivement au point de vue politique. Quelque fondées que soient les critiques dont sont encore susceptibles les façons d'agir de nos gouvernants, on ne saurait contester que les lois ont largement répandu sur la société française les bienfaits de la liberté de la presse, de la liberté de conscience, de la liberté d'association — toutes choses essentielles... quand on a de quoi ne pas mourir de faim.

Mais, ce que personne ne songera à démentir, c'est qu'elle ait singulièrement négligé les réformes capables d'assurer à chacun des membres de cette société, si prodigue de faveurs idéales, l'exercice d'un droit primordial que je me permettrai de définir par ce mot peut-être un peu vulgaire, mais qui exprime énergiquement ce qu'il veut dire : LE DROIT A LA GALETTE.

Que m'importent à moi, ouvrier de la pensée, ouvrier de la pioche, ouvrier du burin, ouvrier d'usine ou bien ouvrier de la terre, à moi qui vis de mon travail et qui ne possède d'autre bien en ce monde que l'intelligence ou la dextérité de main qui m'a été départie, que m'importent vos libertés métaphysiques, si, grâce aux abus, aux privilèges monstrueux que vous laissez subsister, je suis condamné à danser perpétuellement devant le buffet où s'empiffrent un tas de godelureaux et d'oisifs nés coiffés par la fortune !

Benoît Malon, aux théories duquel je ne m'associe pas sans réserves, mais dont j'apprécie hautement le sage et perspicace esprit, disait dans sa préface du deuxième volume du *Socialisme intégral* (Des réformes possibles et des moyens pratiques) :

«..... Ce qui domine déjà aujourd'hui, ce qui sera le fait général de demain, c'est l'asservissement de tous les travailleurs à des exploiteurs anonymes aussi puissants qu'irresponsables, aussi avides qu'impitoyables. Demandez aux employés de chemins de fer, aux ouvriers des mines, aux prolétaires des hauts-fourneaux et des grandes fabriques, aux salariés des deux sexes, à cette masse dolente si durement commandée pendant le travail et qui s'exténue pour un salaire insuffisant et incertain, n'ayant en perspective que le lamentable dénuement d'une vieillesse abandonnée ; demandez à tous les exploités s'ils se sentent bien libres sous l'anonyme tyrannie ploutocratique qui les opprime, les pressure et les dévore. »

On peut approuver l'énergique directeur de la *Revue socialiste* quand il dit encore : « Il ne s'agit plus de se payer de mots. Au point où nous en sommes de l'évolution économique, la liberté du travail n'est plus qu'une légende, et le peuple travailleur doit choisir entre l'asservissement aux grandes compagnies (ou à des collectivités patronales quelconques) et le travail socialement organisé et s'effectuant sous le haut contrôle soit de l'État, soit de la commune. Par ce motif il serait temps de se défaire de cette peur enfantine qu'affectent surtout les bénéficiaires du système capitaliste. Je sais bien que les gaspillages administratifs de l'État actuel ne sont pas faits pour encourager les socialistes dans la voie de l'*étatisation*, mais on ne doit pas oublier que la direction de l'État est livrée à ses pires ennemis : aux classes parasitaires et aux bourgeois libéraux [1]. Pour ces gens-là, l'employé d'administration est pourvu d'un bénéfice obtenu par faveur, d'une sorte de privilège, non d'une fonction. De là ce malhonnête

1. Il va sans dire que je laisse à Benoît Malon toute la responsabilité de cette assertion, qui me paraît exagérée. C'est aller un peu trop loin que de dire: « La bourgeoisie est la pire ennemie de l'État. »

parasitisme que le député Charles Bauquier dénonce si méritoirement en France. Le premier article de notre programme comporte l'épuration de cette tourbe paresseuse et gaspilleuse, véritable stratification de sinécuraires laissés là par tous les régimes et à laquelle chaque ministère ajoute une couche nouvelle. Cette réforme de plus en plus nécessaire viendra : l'universalisation de l'instruction publique, la continuelle pratique de l'électorat, le développement des institutions libres, la complète liberté de réunion, de parole et de presse sont autant de facteurs d'une prochaine et radicale transformation administrative. »

Lamennais, ce hardi précurseur du socialisme moderne, disait à ses juges, en 1840, lors du procès qui lui fut intenté par les ministres de Louis-Philippe à propos de sa remarquable brochure: *Le Pays et le Gouvernement* :

« La grande révolution dont la France en 1789 donna au monde le signal est loin d'avoir encore produit tous ses fruits, et c'est même à peine si l'on commence à comprendre que le principal doit être et sera certainement l'amélioration du sort du peuple. » Et il ajoutait : « Nous sommes au commencement d'une immense révolution qui se terminera par la mort ou la renaissance des peuples, mais qui durera, quoi qu'il arrive, aussi longtemps qu'il restera quelque débris apercevable du grand cadavre dont la dissolution a commencé en 1789. »

Un demi-siècle s'est écoulé depuis le jour où l'illustre apôtre des réformes sociales prononçait ces paroles, et leur à-propos est toujours le même. Comme alors, il s'agit encore aujourd'hui de modifier profondément, radicalement, la constitution ou, pour mieux dire, les institutions économiques de la France.

Quel sera, quel doit être tout au moins, l'esprit directeur de cette rénovation ?

C'est ici que nous nous trouvons en face d'un problème difficile à résoudre. Auquel entendre ? A quelle solution donner la préférence ? Autant d'écoles — et Dieu sait si elles sont nombreuses ! — autant d'avis, autant de plans sociaux, autant de réformes diverses et presque toujours contradictoires. Les uns attendent tout de l'État, les autres n'ont foi que dans l'initiative privée. A mon humble avis, la vérité — la solution — est entre ces deux extrêmes. Je ne crois pas à l'État-Providence, au Dieu-État. On ne saurait concevoir l'État agriculteur, l'État industriel, l'État commerçant que dans une société tout à fait primitive où nul droit acquis, nul intérêt privé antérieur et digne de respect ne viendrait mettre obstacle à l'action collective de la communauté. Mais, si un esprit sérieux ne peut admettre que le législateur de demain ait pour mission de faire table rase de tout ce qui existe et lui substitue un ordre de choses dans lequel l'État serait l'unique dispensateur des biens matériels, du travail et de la fortune, il n'est pas un homme sensé qui ne soit convaincu que sa mission sera de suppléer à l'initiative individuelle en édictant des lois qui, loin de la paralyser, la stimuleront pour le bien commun.

Le dada préféré de la plupart des économistes — de ceux du moins qui ont l'oreille de notre avide bourgeoisie — est la critique de tout ce que fait l'État, en même temps qu'une dithyrambique apothéose de l'initiative privée. Certes, je le répète, il ne faut dédaigner ni décourager celle-ci. Mais il convient d'envisager le revers de la médaille et de se souvenir que tout n'a pas été admirable, depuis quelques années surtout, dans les actes de cette initiative privée tant vantée, ni dans leurs résultats. M'est avis, comme à Gustave Belot, qui le disait en excellents termes dans l'un des derniers numéros de la *Revue philosophique*, « qu'il n'y a pas que les locomotives de l'État qui déraillent, que les vaisseaux de l'État qui sombrent, que les ponts construits par l'État qui s'écroulent. »

Il serait intéressant d'établir aussi le bilan des mécomptes et des ruines dues à l'impéritie ou à la déloyauté des associations privées. Est-ce l'État qui a englouti les milliards du Panama, les centaines de millions que tant de krachs financiers ou industriels, l'*Union générale,* le *Comptoir d'escompte*, la *Société des métaux* et bien d'autres ont ravis à l'épargne française ?

« A tout prendre, dit Gustave Belot, l'État peut mal faire, MAIS IL N'EST PAS INTÉRESSÉ A MAL FAIRE, comme le sont souvent les particuliers. Pourquoi emploierait-il à ses voies des rails de mauvaise qualité ? Pourquoi ferait-il des ponts sans résistance ? Il ne craint pas la concurrence et n'a aucun avantage à économiser aux dépens de la valeur du résultat... Il est vrai que pour les mêmes raisons on accuse l'État de produire dans des conditions onéreuses, justement parce que ses agents ne sont pas intéressés. Mais d'abord on ne voit pas que le stimulant de l'intérêt privé agisse beaucoup davantage sur les agents d'une grande compagnie, sur un chef de gare, sur un ingénieur, sur un employé de chemin de fer. Se privera-t-on pour cela des avantages des grandes associations de capitaux ? Pour voir l'intérêt privé agir dans toute sa force, il faudrait en revenir à la production purement individuelle, c'est-à-dire en somme, presque à la sauvagerie économique...

» On peut remarquer enfin que l'État obtient à très bon marché des services très distingués que les particuliers sont obligés de payer beaucoup plus cher... Ajoutons que plus l'État est puissant, plus large est le rôle qui lui est assigné et plus il obtient facilement ces services, tandis qu'un gouvernement qui règne et ne gouverne pas, un gouvernement effacé devant l'initiative privée, doit les payer très cher. Il faut bien admettre enfin que la conscience d'une responsabilité sociale élève l'esprit, que la recherche de l'estime et de la gloire, que le sentiment de l'honneur et du devoir auront une bien plus forte prise sur celui qui remplit une fonction publique que chez celui dont les pensées ne vont pas au-delà du souci de sa propre fortune. Quel mal y aurait-il à ce que ces mobiles plus nobles de zèle et d'activité vinssent remplacer dans une proportion croissante les mobiles intéressés, puisque aussi bien on peut continuer à utiliser ces derniers dans la mesure indispensable ? »

Non, l'intérêt privé, l'initiative individuelle n'ont pas toutes les vertus, comme le prétendent certains économistes férus d'admiration pour l'ordre de choses actuel.

J'estime avec les socialistes de bon sens — ceux qui, comme B. Malon, repoussent le « tout ou rien » et recommandent la méthode des réformes progressives — que l'on peut concevoir sans déraisonner un État occupant une situation élevée et dominant les petitesses, les calculs étroits de l'intérêt particulier ; un État dans lequel ceux qui le représentent se sentiraient grandis par la noblesse de leur tâche et ne prendraient pour règles que des idées adéquates à l'intérêt général. Quoi qu'en disent les panégyristes du bourgeoisisme étroit sous lequel nous vivons, l'initiative privée, c'est trop souvent l'incohérence et l'anarchie, quand ce n'est pas l'exploitation inique de l'homme par l'homme et le vol organisé. « Trains qui ne correspondent pas, tarifs fantaisistes et inextricables favorisant la production étrangère au détriment du travail national (tarifs dits de *pénétration*), drainage de l'épargne publique au profit de quelques faiseurs sans conscience, égorgement du petit commerce et de la petite industrie par quelques grosses sociétés de capitalistes, affamage du peuple par l'accaparement des matières premières les plus nécessaires à son travail ou à sa subsistance : telles sont quelques-unes des beautés de l'individualisme qu'on nous représente comme la clef de voûte de l'ordre social. Le fétichisme de l'individualité n'est pas plus de saison que le fétichisme de l'État. S'il est nécessaire au bien même de la société que les activités les plus fécondes soient soutenues et encouragées, il n'est pas moins nécessaire que l'État fasse respecter ses droits quand « l'individu » les oublie et qu'il tend à exagérer la part qui lui revient dans un travail où il n'est jamais que collaborateur [1]. »

J'ai parlé plus haut d'affameurs « d'affamage » — qu'on me pardonne ce néologisme. — Le sujet s'identifie tellement à la thèse dont je prends ici la dé-

---

1. *Justice et socialisme*, par Gustave Belot, *Revue philosophique* de février 1892.

fense, qu'il me sera permis d'ouvrir une parenthèse à propos d'un débat instructif auquel donnait lieu, il y a quelques semaines, devant le Sénat, une supplique des bûcherons du Cher réclamant l'intervention de l'État dans leur différend avec les marchands qui les exploitent.

Lisez ce qu'en écrivait Séverine [1], la vaillante fouailleuse d'abus, au lendemain de la discussion :

« Voilà deux mois qu'ils sont en grève (les bûcherons du Cher), deux mois que les cognées se rouillent près de la huche vide et du foyer éteint. Ce qu'ils souhaitent ? Oh ! peu de chose : gagner leur vie en travaillant ! Et quel est le maximum de leurs revendications à ces pères de famille, dont beaucoup ont trois, quatre mioches au logis ? Un salaire de vingt-cinq sous ! Cela, le meunier Girault, le sénateur, l'a dit à la tribune de la Chambre haute. Ils ont tant de coton dans les oreilles, tous ces vieux, qu'ils n'ont peut-être pas entendu ! Puis, le ministre a déclaré avec componction « qu'évidemment la situation de ces gens était navrante, mais que l'État n'étant point en cause, il lui était impossible d'intervenir entre particuliers. »

» Avec cela qu'il se gênerait, l'État, pour envoyer gendarmes et troupes, si la résignation se changeait en révolte, si, sans même attenter aux personnes, ces malheureux faisaient flamber comme margotins les forêts qu'ils n'abattent plus ! Avec cela que l'État s'est privé d'imposer son arbitrage dans la grève des houillères du Pas-de-Calais, et de donner gain de cause

1. *Petit Journal* du 8 février 1892.

aux mineurs ! Et plus récemment encore, ici, à Paris, dans la grève des omnibus, où les employés, grâce à l'appui gouvernemental, ont eu raison de la Compagnie ! Ce sont des précédents, cela, et qui doivent entraîner leurs conséquences logiques : le veto de l'État opposé aux fantaisies des affameurs, susceptibles de troubler l'ordre public.

» Il est bien gros ce mot d'affameurs, il semble provenir de l'autre siècle ; mais la misère de ces gens ne fait guère honneur à celui-ci. Elle est si absolue, si imméritée que les propriétaires de bois eux-mêmes la prennent en miséricorde, disent à qui veut l'entendre qu'elle est une honte et une infamie. Ce sont les marchands, ceux qui achètent « sur pied » et font abattre à leurs frais, qui la provoquent, l'imposent, désolent toute une région par leur inexorable cupidité.

» Je racontais, tout à l'heure, que les bûcherons ambitionnaient une paie quotidienne de vingt-cinq sous ; mais savez-vous à quoi on les en avait réduits avant la grève ? A Largentière, ils gagnaient *55 centimes* ; à La Meulière-Turpies, *50 centimes* ; à Vieussat, *45 centimes*. Ainsi, à notre époque, sous la troisième République, un homme peut louer le machinisme de ses muscles, donner sa sueur, user son pauvre corps, dépenser toute sa force, déployer toute sa bonne volonté ; faire, en un mot, dix heures de travail pour neuf sous, — MOINS D'UN SOU L'HEURE !

» Cela me paraît tout simplement monstrueux..... Voici des années, en effet, que toute cette population ne vit que de pommes de terre, comme les « évincés » d'Irlande, avec quelques croûtes aux bons jours, pour boisson de l'eau, et de la viande quatre fois par an ! Si cela continue, ils vont faire comme en Russie, ces affamés de France, brouter l'écorce des arbres et manger la terre..... Qu'attend-on pour les secourir ? Hardi, l'État, contre les affameurs ! Sans quoi « l'initiative privée » s'en mêlera... et, dame, peut-être il y aura de la casse !... »

Ai-je besoin de déclarer une fois encore que je répudie tout moyen violent de rénovation sociale ? Pour moi la violence est le pire des instruments de progrès. On ne fonde rien de solide ni rien de durable dans le sang inutilement répandu, sur des ruines inutilement et confusément entassées. Les massacres de 1793 — que les hommes de cette époque croyaient nécessaires pour terroriser l'ennemi du dehors et celui du dedans — ont retardé de plus d'un siècle la réalisation du magnifique programme des réformes sociales et politiques élaboré par la Convention.

Mais si je réprouve les violences collectives autant que les violences privées, je n'aborrhe pas moins l'égoïsme féroce des exploiteurs et des affameurs du peuple qui, par leurs exactions, leur morgue hautaine et leur intolérable despotisme, poussent la masse aux terribles excès que peut inspirer, si elle ne les justifie pas, une colère longtemps contenue. Quoi qu'il fasse, le Tiers-Etat va être obligé de passer la main au Quatrième État qui s'avance. Après avoir supplanté la noblesse, il va être à son tour supplanté par la classe ouvrière. Le régime socialiste succédera au régime capitaliste aussi sûrement que celui-ci a succédé au régime féodal. L'éducation du peuple est en train de se parfaire ; sa conscience est éveillée : il ne veut pas être plus longtemps l'esclave du salariat tel que le lui ont imposé ceux qui s'enrichissent de ses sueurs.

Cependant, tout ce qui pense, tout ce qui réfléchit dans le monde du travail — et quoi qu'en disent ses détracteurs, c'est le plus grand nombre — sait qu'on n'asseoira le nouvel ordre de choses que par les moyens pacifiques, le bulletin de vote et la loi. Ah ! sans doute, il y a parmi les travailleurs des hommes violents, des âmes aigries et sceptiques, pour lesquels la révolution est seule capable de procurer au monde la rénovation qu'il attend et qu'il espère. Ceux-là seront-ils les maîtres demain et imposeront-ils à leurs compagnons de souffrance, plus sages et plus patients, le plan expéditif qu'ils ont conçu ? Il y aurait quelque témérité à se prononcer catégoriquement sur ce point. Mais, ce qu'on peut affirmer avec assurance, c'est que chaque jour qui s'écoule sans réformes sérieuses, sans améliorations essentielles, est un jour de gagné au profit des violents.

Plus nous allons ainsi piétinant dans le vide, décourageant les mieux intentionnés par des promesses jamais tenues ou par des demi-mesures dérisoires, plus s'accroissent les chances du triomphe final des idées révolutionnaires et des plans de démolition sociale. Or, — et c'est ici le but essentiel que je poursuis en publiant les réflexions qui m'ont été suggérées par un examen attentif de notre état social actuel, — on ne saurait trop méditer les enseignements de l'histoire en pareille matière, et se souvenir que la méthode révolutionnaire a toujours retardé, si elle n'a pas à jamais compromis, le succès des réformes les plus légitimement réclamées.

Comme le dit avec tant de raison l'auteur des *Réformes possibles et des moyens pratiques,* la voie révolutionnaire est plus rapide, mais combien plus incertaine et plus douloureuse! Outre les irréparables sacrifices de vies humaines qui ensanglantent les jours de lutte, il faut toujours compter, en révolution, avec la longue, l'inévitable et terrible crise de transition et de misère générale, pendant laquelle tout le monde souffre et que suivent, le plus souvent, les moments de découragement et de doute si favorables aux réactions inexorables. *Il y a là un grand danger qu'on évite en suivant la politique qui consiste à arracher aux pouvoirs publics toujours le plus de réformes possible.* « Intervenir révolutionnairement n'est possible qu'à certains moments de crises assez rares dans l'histoire des peuples, et les tentatives intempestives peuvent empirer douloureusement le présent et compromettre gravement l'avenir, tandis que l'intervention réformiste est toujours de saison... Ne vaut-il pas mieux, tout en se tenant prêt pour les grandes et décisives luttes plus ou moins prochaines, combattre les abus pied à pied et travailler aux améliorations successives qui, en mettant fin à bien des souffrances, sont un acheminement vers la justice sociale? »

Par quelles voies et quels moyens atteindre ce but si digne du concours de tous ceux qui ont à cœur le bien de l'humanité?

Sur ce point j'abonde entièrement dans les vues exprimées par B. Malon, qui estime, si je l'ai bien compris, qu'en matière de rénovation économique il n'y a pas de panacée universelle, de dogme absolu en dehors duquel la société soit pour toujours condamnée à tourner perpétuellement dans un cercle vicieux. Quelques-uns pensent que la coopération peut seule, même sans le concours des pouvoirs publics, aboutir à la suppression de la misère. Je crois, comme lui, que la coopération ne saurait donner tout ce que ses promoteurs en espèrent et qu'il y a impossibilité pour l'ouvrier d'améliorer sa destinée par ses seuls efforts. Entre le socialisme d'État absolu et le système qui consiste à tout laisser à l'initiative privée, « il y a place pour une politique dont cet arrangement d'un vieux proverbe : *Aide-toi, les pouvoirs publics t'aideront*, donnerait la formule assez exacte. »

En tout et partout, il convient de chercher la vérité entre les extrêmes, parce que c'est là seulement qu'on la trouve. Cela ne veut pas dire que les tentatives faites en vue de résoudre la question sociale par le moyen de la coopération soient fatalement condamnées à demeurer stériles. Ce que j'ai dit à propos de la « mine aux mineurs » et de l'entreprise de Monthieux prouve que telle n'est point ma pensée. Il y a là, me semble-t-il, d'intéressantes expériences à faire et peut-être leurs résultats seront-ils plus favorables qu'on ne l'imagine.

Un éminent économiste, M. Booth, a dit avec raison qu'il faut un peu de socialisme pour permettre beaucoup d'individualisme, mais qu'il faut aussi beaucoup d'individualisme pour permettre un peu de socialisme et s'en assurer les avantages. L'individualisme et le socialisme doivent se développer parallèlement et se fortifier l'un l'autre. Ainsi le socialisme, tel qu'il devrait être compris et pratiqué, loin d'exiger l'effacement complet de l'individu et de concevoir l'État comme une entité absolue, se suffisant à elle-même, voit dans l'État une organisation, une combinaison des forces individuelles qui est appelée à en multiplier le rendement. Autant il est puéril, je dirai même dangereux, d'attendre tout de la communauté et de pousser le culte de l'État jusqu'au fétichisme, autant il est absurde de lui substituer le fétichisme de l'individualité. Dans le système qui me paraît avoir pour lui l'avenir le plus prochain — si tant est que nos législateurs ne se refusent pas à aborder sérieusement et énergiquement l'étude des questions sociales et des moyens les plus pratiques de les résoudre — l'individu ne serait pas abandonné à ses seules forces et les bénéfices de son œuvre personnelle viendraient s'ajouter aux bénéfices de l'œuvre commune. Les inégalités qui subsisteraient encore sous ce régime seraient le fait de l'inégalité de la valeur des personnes, et ainsi elles cesseraient de choquer le sentiment de la justice. Chacun ne dépasserait la moyenne du bien-être accessible à tous que dans la mesure où il s'élèverait au-dessus de la moyenne des capacités. Un premier point d'appui serait donné à ses efforts. Le maximum de justice que comporte l'imperfection humaine serait atteint.

« Les individualistes, écrit M. Gustave Belot, sont bien obligés de limiter dans l'application les conséquences de leur principe. Autrement pourquoi restreindre la concurrence, si elle est la base de la justice ? S'il faut que chacun concoure rigoureusement avec ses seules forces, comment pourrais-je exiger qu'on m'aide à me défendre ? Pourquoi mettre à ma disposition une police et un tribunal ? N'est-ce pas aussi enlever au voleur, à l'escroc, au brigand, le bénéfice de son habileté, de son astuce, de son audace, et me protéger indûment contre les inconvénients de mon imprudence, de ma crédulité ou de ma faiblesse ? Si l'on refuse d'aller jusque-là, et personne ne s'y hasarde, si l'on restreint le principe de concurrence par une intervention qui est, en somme, tout aussi « artificielle » que celle dont l'individualiste ne veut pas entendre parler, n'est-ce pas parce qu'on s'aperçoit que dans l'humanité la lutte n'aboutit pas nécessairement au triomphe des meilleurs et que la société elle-même proteste unanimement contre cette manière d'entendre ses intérêts ? N'est-ce pas qu'en définitive tous les genres de « supériorité » ne se valent pas au point de vue du bien général, et que la société reste juge de celles qu'elle doit laisser se déployer et laisser triompher ; qu'enfin les hommes les plus « forts » ne sont pas nécessairement ceux qui réalisent le type humain le plus élevé ? C'est l'aveu que la notion de justice n'est pas une notion purement naturelle, au sens étroit du mot, mais une notion essentiellement humaine et morale, et qu'il est impossible de la définir par la seule notion du succès, sans faire intervenir un idéal de bien social, de paix et de solidarité. Comment tirer un tel idéal d'une formule de concurrence et de guerre? Et puisqu'il est si difficile de distinguer dans l'œuvre et dans le bonheur de l'individu ce qu'il ne doit qu'à lui-même de ce qu'il doit à la société, n'a-t-on pas d'autant plus de chances de s'approcher de la justice qu'on obtiendra une plus parfaite union ? »

Les individualistes à tous crins qui protestent si bruyamment contre les plans de législation nouvelle tendant à réaliser cette union par la reconnaissance des droits de l'exploité, oublient qu'ils ont fait jusqu'à ce jour du socialisme d'État le plus caractéristique. Ce socialisme ne diffère que sur un point — mais il est capital — avec celui des réformateurs modernes, c'est que leur socialisme consiste à favoriser exclusivement celui qui possède au détriment de celui qui n'a rien, le propriétaire terrien au détriment du journalier, l'industriel au détriment de l'ouvrier qu'il emploie, le capitaliste au détriment du travailleur. La législation en vigueur fait à mon sens du socialisme d'État à rebours, comme la plupart des impôts sont des impôts progressifs à rebours, en ce qu'elle vise à assurer à une minorité la continuation des privilèges abusifs dont elle a joui jusqu'à présent aux dépens de la masse qui s'exténue pour vivre dans la gêne sinon dans la misère, alors que cette minorité se gave de jouissances et grossit chaque année ses trésors.

Qu'ils ne s'étonnent donc point de voir le Quatrième État, qui est le nombre, prendre de plus en plus conscience de sa force et revendiquer avec énergie une plus équitable répartition des avantages sociaux. C'est son droit et, quoi qu'on fasse, il faudra bien le lui reconnaître et lui faire les concessions que comporte la justice.

« L'intervention de l'État dans les rapports du travail et du capital serait la ruine de l'industrie, » affirme M. Vacherot dans sa *Démocratie libérale*. Pourquoi cela ? Sur quels faits, sur quelles expériences se fonde cet écrivain pour affirmer avec tant d'aplomb qu'une législation qui réglerait équitablement les rapports du travail et du capital serait la ruine de l'industrie ? Son fétichisme pour l'État-Providence..... des capitalistes, l'égare en vérité. Qu'il me permette de lui opposer l'opinion d'un économiste qui n'est cependant pas suspect d'une tendresse exagérée pour les doctrines socialistes, à l'égard du « brigandage social » que pratiquent ouvertement, grâce aux lois existantes, les honnêtes gens dont il prend la défense.

Voici ce que disait M. Paul Leroy-Beaulieu, dans l'*Économiste français* du 3 juillet 1881 :

« Personne n'ignore le brigandage qui se commet sous le couvert de la fondation de sociétés par actions. Rien n'est plus éhonté ni plus criminel. C'est un des symptômes les plus tristes de la démoralisation publique. Ce qu'étaient autrefois, dans les temps les plus reculés du moyen-âge, les grandes compagnies d'aventuriers et de brigands qui rançonnaient les marchands ou pillaient les campagnes, les sociétés par actions le sont aujourd'hui, non pas toutes, sans doute, mais beaucoup d'entre elles, avec plus de sécurité, plus d'impunité, plus de loisirs et de jouissances pour leurs fondateurs et leurs directeurs. C'est une organisation soumise et méthodique du pillage. »

Or, ce qu'on ne contestera pas, c'est que, grâce à l'ordre de choses actuel, dont la République a hérité il est vrai, mais qu'elle a le tort de laisser subsister, la spéculation envahit tout, corrode tout.

C'est un véritable fléau qui amoncèle ruines sur ruines, dégoûte du travail et de la probité, bouleverse toutes les situations, détruit la classe moyenne, paupérise le prolétariat, aiguise les rapacités, corrompt les consciences, déprime les âmes, offrant ainsi un spectacle dont les meilleurs esprits s'affligent et s'épouvantent.

Voilà l'abus si justement dénoncé par tous les hommes clairvoyants et qu'il faudra réprimer d'une main ferme si l'on ne veut voir, dans un très prochain avenir, la société s'en aller à la dérive vers le gouffre où l'école anarchiste a la sinistre prétention de la pousser en la terrorisant. « Détruire l'agiotage, c'est sauver l'État, c'est pourvoir à sa sûreté, c'est rétablir le bon ordre, c'est rendre au gouvernement sa dignité, à l'autorité son empire, aux lois leurs forces ; c'est préparer la voie à l'esprit public, assurer la paix à l'extérieur, la ramener à l'intérieur des familles, restituer les talents à leur véritable usage, la considération aux choses utiles et décentes. » Qui a dit cela ? Mirabeau ! Je suppose qu'on ne contestera pas l'autorité du tribun ni la valeur de sa parole. Et certes, s'il nous naissait un Mirabeau, à l'heure présente, il aurait de quoi exercer son éloquence. Jamais, en effet, on ne vit plus prospère et plus puissante cette nouvelle aristocratie dont un orateur signalait déjà l'avènement à la Convention le 29 septembre 1792, aristocratie « qui veut s'élever sur les débris de l'ancienne par le fatal ascendant des richesses ».

Jamais exploitation plus éhontée de la crédulité publique ne fut mise en œuvre avec tant de cynisme pour drainer l'épargne de la nation et la faire affluer par toutes sortes de canaux dans les coffres-forts de quelques financiers habiles.

J'ai déjà dit que je m'étais imposé le rigoureux devoir d'écarter de ce travail toute attaque personnelle. Aussi bien en matière de finances qu'en matière politique je demeurerai fidèle au programme que je me suis tracé. D'ailleurs, est-il besoin de désigner les coupables à la vindicte publique ? Leurs noms ne sont-ils pas sur toutes les lèvres ? Cependant, il me sera bien permis de faire un peu d'histoire et de citer quelques chiffres pour démontrer que je n'avance pas à la légère des accusations qui ne reposeraient sur aucun fondement sérieux.

On sait que déjà en 1792 — c'est-à-dire il y a un siècle — la Convention était invitée à sévir contre les agioteurs et qu'elle tenta de donner satisfaction aux réclamations populaires par la loi du *maximum*. Mais ce qui existait alors n'est rien en comparaison de ce que l'on a vu depuis. Très florissant sous le premier Empire, l'agiotage devint le maître incontesté du monde économique après Waterloo. C'est alors que naquirent ces grandes compagnies d'exploitation qui accaparèrent au profit de quelques-uns toutes les richesses minières de la France et s'imposèrent à l'industrie nationale comme autant de régulateurs et de facteurs tout puissants du marché universel. On leur livra non seulement les mines, les canaux en construction, les grands établissements métallurgiques de Decazeville et du Creusot, mais encore, un peu plus tard, les chemins de fer, l'éclairage au gaz, les omnibus : tout ce qui constitue, en un mot, l'instrument essentiel de l'activité publique.

Sous Louis-Philippe, ce fut une curée. Grâce à l'anonymat des titres, on vit se renouveler sous ce règne, prototype de l'ordre moral, le dévergondage financier qui avait déshonoré la Régence. Aussi Louis Blanc a-t-il pu dire :

« On se pressait, on se heurtait dans les avenues des banques. Prendre des actions sans les payer, les vendre, toucher des primes, faire fortune avec la hausse, telle était la folie universelle, tel était le rêve de plusieurs milliers d'hommes éveillés... Les faiseurs

6

d'affaires pullulaient; combiner des infamies lucratives, cela s'appelait *avoir des idées*. On mit en action des mines imaginaires, on proposa d'exploiter des inventions qui n'en étaient pas... La France fut inondée d'impostures. »

Et sous le second Empire, ce fut bien pis encore. Louis-Philippe avait créé l'anonymat des titres ; Napoléon III créa l'anonymat des sociétés. Aussi, de 1852 à 1867, *quatre milliards sept cent quatre-vingt-treize millions* furent-ils raflés aux gogos par les exploiteurs de la haute banque et de la haute industrie, sur les valeurs françaises seulement. Ajoutez-y *deux milliards cinq cent trente-deux millions* sur les valeurs étrangéres, soit un total général de *sept milliards trois cent vingt-cinq millions,* et vous aurez la perte subie par l'épargne française pendant ce régne qu'une légende impudente nous représente comme le régne de la prospérité et de la richesse nationales par excellence.

Or, à combien de personnes ce monstrueux ratelage de la fortune publique a-t-il profité? Benoît Malon estime que le nombre ne s'en élève pas à plus de DEUX CENTS.

Mais la troisième République ne nous offre pas un tableau moins pitoyable. Tout ce système d'exploitation de la crédulité et de l'entraînement qui caractérisent la société moderne est aussi florissant aujourd'hui qu'il l'était sous Louis-Philippe et Napoléon III. Le législateur n'a absolument rien fait pour réprimer cette scandaleuse absorption des petites fortunes, et s'il a tenté quelques timides essais de combat, ses lois sont demeurées lettre morte. Faut-il s'étonner, alors, que le socialisme révolutionnaire recrute tant d'adhérents et qu'on voie se dresser devant la société affligée un spectre plus terrible que tous les fantoches de carton dont on l'avait effrayée jusqu'à ce jour ? Ne fera-t-on rien pour conjurer le péril, pour empêcher la *liquidation* par la dynamite dont nous menace l'Anarchie ? Telle est la question qui se pose et qu'il faudra résoudre à bref délai, si nous ne voulons pas voir le dix-neuvième siècle s'achever dans le sang et dans les ruines.

Ainsi que l'a dit Louis Blanc : « La féodalité industrielle plus lourde, plus insatiable que la féodalité nobiliaire, saigne une nation, la crétinise et l'abâtardit, la tue du même coup au physique et au moral. Son despotisme est le plus déshonorant de tous pour une nation généreuse. C'est celui sous lequel nous vivons, celui qu'il faut briser. »

Comment ?

Ah ! certes, la tâche n'est pas aisée. Pour résoudre ce problème si complexe et si ardu, il faut envisager froidement, hardiment, les mesures les plus énergiques et les plus audacieuses. Il faut que les Chambres l'abordent résolument et ne boudent pas devant les réformes nécessaires ; il faut que le gouvernement prenne l'initiative qui lui incombe et qu'il cesse de considérer toute transformation sociale comme un péril public. Or, avouons-le, ce serait se leurrer d'un fol espoir que d'attendre des Chambres actuelles l'esprit de résolution indispensable pour entreprendre une telle œuvre. Au peuple donc incombe la tâche de préparer cette rénovation en envoyant au Parlement de 1893 des mandataires chargés par lui d'un mandat défini et précis posant les bases de l'ordre de choses nouveau et déterminant avec clarté la tâche qui incombera à la prochaine législature.

La grande majorité de la nation n'est plus d'humeur aujourd'hui à recommencer les éphémères tentatives et les naïves expériences de 1830 et de 1848, mais elle n'entend cependant pas se résigner au *statu quo* pour complaire à ceux qui en bénéficient. Si l'axiome : *Aide-toi, l'État t'aidera* est et sera toujours vrai, il ne faut pas que l'État l'invoque pour demeurer en tout et partout à la remorque de l'initiative privée. Il a une haute mission à remplir, celle de rechercher par les lois qu'il édicte, par les mesures administratives qu'il décrète, la conciliation des intérêts antagonistes dont la lutte trouble si profondément la fin du dix-neuvième siècle.

Le champ est vaste et le labour doit être profond si l'on veut que la moisson soit féconde. La coopération, la mutualité, la protection du travailleur contre les abus de pouvoir du patronat et du capital : tels sont en quelques mots les sujets sur lesquels doit porter sa sollicitude la plus éclairée et la plus active. Aussi bien un esprit sérieux ne se laissera pas séduire par le dogme du « tout ou rien » dont certaine école socialiste a fait son *credo* et sa devise, aussi bien il n'est pas un patriote qui ne reconnaisse l'inéluctabilité d'une refonte progressive mais radicale de l'organisation économique. Il va sans dire « qu'on n'improvise pas un ordre de choses nouveau avec la baguette d'une fée révolutionnaire ». J'admets avec M. Vacherot « qu'il faut partir de ce qui est, non de ce qui doit être, dans les réformes sociales comme dans les réformes politiques ». On ne fondera rien de durable si l'on ne parvient à assurer aux réformes le concours du patron aussi bien que celui de l'ouvrier. Mais, encore une fois, on ne fera jamais rien non plus si l'État n'intervient pas et ne concilie pas les intérêts en conflit. Le *capital* et le *travail* ne sont point tellement antagonistes qu'on ne puisse trouver le « *modus vivendi* » qui doit assurer à chacune de ces forces sociales l'équitable rémunération qui est due à ses services. Ce qu'il y a de certain, c'est que jusqu'à présent, dans la répartition des bénéfices, le capital s'est fait la part trop belle. Le moment est venu d'établir plus d'équité dans ce partage.

Les moyens de parvenir à ce désirable état de choses sont fort nombreux, mais tous soulèvent des objections diverses. D'accord avec l'école socialiste dont Benoît Malon est l'un des plus avisés théoriciens, j'estime que, partout où un grand service public est en jeu, c'est au monopole de l'État qu'il faut recourir. « Intervenir au nom de l'intérêt commun et, au besoin, transformer en service public le monopole qui, entre les mains d'une compagnie financière ou d'un patronat quelconque, ne peut être et n'est qu'un instrument de profits particuliers », tel me paraît être le devoir de l'État, sa raison d'être contre les théories de l'Anarchisme.

Mais, je vais me heurter ici à l'objection — hélas! trop fondée — de ceux qui s'écrient : « Vous voulez donc augmenter les attributions de l'État alors que vous êtes le premier à reconnaître la défectuosité de ses services ! C'est là une théorie à la Gribouille et se jeter dans la rivière pour échapper à l'averse de pluie ! » — Pardon ! Je n'entends pas l'État organisé comme il est aujourd'hui, avec ses milliers de fonctionnaires inutiles qui tirent « au flanc » à qui mieux mieux, qui se font de leurs paperasses un oreiller de paresse et trop souvent un moyen d'embêter l'administré. L'État auquel je confierais ces monoples serait une véritable administration de « bon père de famille » ayant souci des intérêts publics à la gestion desquels il est commis, administrant consciencieusement et avec zèle, sans se faire un jeu de la patience des citoyens et de l'honnêteté professionnelle.

« Vous nous la baillez belle ! me dira-t-on. A qui ferez-vous accroire que nous possédions jamais une telle administration et de tels administrateurs ? La sainte Écriture ne contient-elle pas cette parole toujours vraie : Quand le Maure changera-t-il sa peau et le léopard ses taches ? » — Eh ! bien, voilà ce à quoi il faut aboutir, sous peine de voir la société sombrer dans le plus effroyable naufrage : c'est que le Maure administrateur nous traite un peu moins en nègres et que le léopard gouvernemental fasse peau neuve. Je sais bien que ça ne sera pas commode, mais cela n'est pas plus impossible que de percer les Alpes ou de détourner le Niagara. Tout est de le bien vouloir et d'envoyer au Parlement des gens qui se soient engagés non seulement à le vouloir, mais à le faire.

Revenons à nos moutons, c'est-à-dire aux moyens d'améliorer l'état de choses présent, par des mesures transitoires, en attendant l'heure — qui viendra, soyez en sûrs — où l'humanité aura réalisé le *summum* de perfection compatible avec ses imperfections natives.

Et d'abord, pour arriver à modifier ce qui est, il faut commencer par changer du tout au tout l'*éducation* publique. Il faut arracher du cœur de la nation cette « toquade » du fonctionnarisme qui pousse tant de jeunes hommes vers les carrières administratives pour lesquelles ils ne sont ni préparés par leurs études, ni faits par leur tempérament. Or — je ne suis pas le premier à le proclamer tout haut — c'est précisément le contraire auquel tend l'esprit général de l'instruction, de l'éducation données dans nos écoles et dans nos maisons. Nous en sommes venus en France à ce point qu'il n'est pas rare d'entendre dire à un père de famille : « Ne sachant plus que faire d'Ernest, je l'ai fourré dans l'administration ! » Beaux administrateurs, en vérité, que ces fruits secs de collèges et de lycées, ces « flemmards » à langues trop bien pendues qui ont plus de poils dans la main qu'ils n'en ont et n'en auront jamais au menton !

J'entends la seconde objection : « Ah ! mais, pour changer cela, il faudrait la baguette de fée dont vous parliez tout à l'heure. » Point du tout, mon cher contradicteur, il suffit de le vouloir. Il suffit que nos braves paysans, que nos intéressants épiciers, merciers, cordonniers, artisans ou commerçants de toute espèce, comprennent qu'ils feront mieux de diriger le goût et l'esprit de leurs enfants vers d'autres carrières et qu'il y a plus d'honneur à se tirer d'affaire en ce monde par son intelligence ou sa dextérité de main qu'à brouter une maigre ration à la crèche de l'État, et vous verrez quelle heureuse évolution se produira dans nos mœurs. Au surplus, et pour conclure sur ce sujet, tout peuple n'a que le gouvernement qu'il mérite. Si le peuple français persiste à multiplier sans raison ceux qui sont appelés à le tondre ras, en se donnant le moins de mal possible, eh bien ! qu'il soit tondu et qu'il ne s'en plaigne à personne !

Seulement, avec ce système-là, vous allez droit à l'Anarchie, et vous savez : l'Anarchie, c'est la table rase. Messieurs les anarchistes disent : « De gouvernants, d'administrateurs, n'en faut plus ! »

Mon opinion à moi est qu'il en faut, qu'il en faut même davantage, à la condition qu'ils soient animés d'autres sentiments que ceux dont on les voit imbus à cette heure. Au lieu de tant de fonctionnaires galonnés sur toutes les coutures, pénétrés de l'importance de leur fonction et le faisant sentir à ceux auxquels ils ont affaire, il faudrait que l'administration, le gouvernement ne fussent peuplés que d'hommes ayant conscience de la noblesse de leur charge, qui est celle de pères de famille gouvernant, administrant au mieux les intérêts du plus humble comme du plus éminent de ses membres.

On argue de l'incapacité administrative de l'État. La critique est fondée dans l'ordre de choses actuel ; mais, à qui la faute ? A cette aberration singulière de l'État lui-même qui confie, comme le dit si justement Benoît Malon, « aux thuriféraires des grandes Compagnies oppressives, agioteuses et spoliatrices, l'enseignement de l'économie politique dans les écoles, de sorte que l'État paye pour que l'on enseigne aux futurs titulaires de ses services que l'action sociale est contraire aux lois naturelles, et que, pour le délégué ou l'employé d'administration idéal, LE DEVOIR CONSISTE A FAIRE LE MOINS ET LE PLUS MAL POSSIBLE.

» De là les gaspillages et les fainéantises qui sont la honte des ministères, le fléau de l'administration ; de là ces complicités lâches des ingénieurs et des inspecteurs de l'État au bénéfice des compagnies financières qu'ils devraient surveiller et qu'ils encouragent dans leurs malfaisances et dans leurs prévarications, au détriment de l'intérêt public dont ils ont la garde et qu'ils trahissent. »

Avec Hamilton, professeur d'économie politique suédois, j'estime que l'accroissement continu de l'action de l'État doit être considéré comme une loi de développement social. Si un État se refuse à obéir à cette loi générale de développement et ne perfectionne pas son administration de la justice, son organisation militaire, ses institutions civilisatrices, ses ressources économiques, il doit, en tant qu'État, succomber soit sous la violence, soit par épuisement.

Je me résume et je conclus.

Si l'on veut sincèrement une réforme sociale tendant à l'amélioration du sort de ceux qui peinent et tuer ainsi les théories anarchistes dans l'œuf que toutes les réactions sont en train de couver avec une sollicitude maternelle, il faut « organiser la production et la répartition des richesses de façon que le droit à une suffisante vie soit assuré à tous les êtres humains : aux valides par le travail, aux invalides par la solidarité sociale. »

Cela résume la question : le droit au travail pour ceux qui sont en état de gagner leur pain à la sueur de leur front, le droit à l'assistance publique pour ceux qui en sont incapables.

Et le moyen d'y pourvoir ? Je répondrai brièvement dans le chapitre qui va suivre et qui traite des impôts, à cette question que beaucoup de gens d'esprit très superficiel poseront volontiers, croyant embarrasser l'écrivain. D'ailleurs, sans insister davantage sur les ressources énormes que procurerait au trésor public la reprise par l'État des divers monopoles concédés à des particuliers (chemins de fer, mines, canaux, établissements de crédit, éclairage, traction urbaine, etc., etc.) dont les revenus suffiraient presque au budget de l'*Assurance sociale*, qui me paraît être la seule solution efficace de l'inquiétant problème dont le monde entier se préoccupe, je terminerai par ces mots de Benoît Malon auxquels on ne saurait donner trop de publicité et auxquels je m'associe du fond du cœur :

« A ceux qui trouveraient monstrueux que l'on sacrifiât trois milliards par an pour que tous les enfants aient un berceau, toutes les mères le nécessaire, tous les infirmes et tous les vieillards le pain, l'abri et les soins réclamés par leur état, à ceux-là nous répondrions qu'il est bien plus monstrueux qu'un pays comme la France paye chaque année deux milliards et demi pour ses militaires et ses rentiers. Quoi que disent les sophistes, le budget du pain à tous par le travail autant que possible et dans la mesure des ressources communes sera toujours plus populaire et plus moral que ne le sont les budgets actuels de la destruction et du parasitisme.

» L'*assurance sociale* ainsi réalisée, la bienfaisance publique serait restreinte à quelques infortunes spéciales, puis au service des enfants assistés et au service hospitalier, qui l'un et l'autre seraient réorganisés d'après des principes plus conformes à la dignité humaine et à la solidarité sociale. [1]

---

1. J'étudierai ce côté de la question sociale, d'une manière approfondie, dans un prochain travail.

» Le paupérisme vaincu, la souffrance humaine tarie au moins dans ses sources sociales, n'y a-t-il pas là un programme splendide à réaliser ?

» Que les politiciens y songent toutefois, la masse dolente des sacrifiés est lasse de souffrir, et si on ne lui donne pas sa part de soleil et de justice, elle la prendra violemment, non sans quelques abus. La prudence devrait ici commander la générosité. »

L'impôt

—

La question de l'impôt est, à mon sens, celle de toutes les questions sociales qui exige la solution la plus prompte. Non pas qu'en exprimant cet avis je veuille reléguer au second ou au troisième rang celles qui ont trait au travail, à ses rapports avec le capital, pas plus que celles qui en dépendent ou sont ses corollaires. Mais étant donné les choses et les institutions du jour, s'il est un point de notre organisation économique qui appelle la sollicitude du gouvernement et, en même temps, qui se prête le mieux à une réforme radicale, certes, c'est bien celle-là. Il n'y a pas que les socialistes qui le constatent. L'honorable président de la Chambre des députés, M. Floquet, l'affirmait dans son éloquent discours d'ouverture de la session actuelle et la ligue dont M. le sénateur Goblet est le président proclame, par son existence même, qu'elle est une des préoccupations les plus vives de la société française.

En effet, s'il y a dans cette société telle qu'elle existe aujourd'hui un vice de distribution, un principe d'iniquité indéniable, c'est au régime de la contribution de chacun de ses membres, pris individuellement, qu'il faut en attribuer la cause première. Pour décréter le droit au travail, pour réaliser ce *desideratum d'assurance sociale* dont je parlais tout à l'heure, que nous manquerait-il en ce moment ? L'argent pour y pourvoir. Or donc, la réforme de l'impôt doit nécessairement précéder toutes les autres, parce que c'est elle qui est la base, le pivot d'une réorganisation économique bien entendue.

On n'attend pas que je fasse ici une théorie abstraite de l'impôt, de ses origines, de son histoire. Le cadre étroit dans lequel je suis obligé de me renfermer ne le permettrait pas. D'ailleurs, chacun, jusqu'au plus humble et au plus modeste des citoyens, n'est-il pas suffisamment éclairé à cet égard ? L'État a des charges ; il est juste, il est nécessaire que tous contribuent de leurs deniers à lui fournir les ressources dont il a besoin. Mais — et c'est ce qui n'existe pas — on ne doit exiger de chacun que la contribution proportionnelle à ses propres ressources et aux avantages dont il jouit de par le fait de l'organisation sociale. Non seulement l'impôt, sous ses formes multiples et compliquées, est établi de telle façon qu'il frappe sans discernement, sans mesure, celui qui travaille et qui a le plus violent combat à soutenir dans la lutte pour l'existence, mais encore il mérite cette qualification dont je le gratifiais ailleurs : *d'être progressif à rebours*. La stricte équité, la justice absolue veulent que chacun paye suivant les services qu'il reçoit de l'État ou de la Commune. Or, par exemple, est-ce de la justice, est-ce de l'équité que moi, modeste travailleur qui ai grand'peine à gagner ma vie et celle des miens, je paie à l'octroi de mon lieu d'habitation, pour une pièce de vin qui vaut 100 francs, autant que mon voisin, millionnaire, pour une feuillette de Clos-Vougeot ou de Château-Lafitte qui en vaudra 1,000 ? L'exemple choisi est peut-être le plus exorbitant de ceux que le régime fiscal en vigueur nous fournisse. Néanmoins, si on dissèque ce régime avec attention on en trouvera bien d'autres du même acabit.

L'État ou la Commune dit : Non seulement je vais prendre où il y a quelque chose à prendre, mais encore je prendrai surtout chez le petit, chez celui qui n'a qu'un modeste avoir, parce que celui-là criera moins que le riche oisif qui pousserait des cris de paon si je lui demandais la part de contribution correspondante à sa fortune. Ce faisant, la recette est peut-être plus facile, mais par là le fisc viole le principe le plus élémentaire de la justice en ce qu'il prend aux uns ce qu'ils ne doivent pas, afin d'avoir moins à demander aux autres, et qu'il rend ainsi à quelques personnes des services qui sont payés par la masse des contribuables. J'estime qu'en agissant de cette façon l'Etat ou la Commune fait acte immoral. Non seulement c'est inique, mais c'est imprévoyant. C'est encourager le vice et l'oisiveté. C'est dire à l'être inutile : « Continue à rester inactif, à gaspiller ou à thésauriser tes revenus ; nous pensons pour toi, nous veillons sur toi et sur tes biens ; nous prenons au travailleur une portion de ce qu'il gagne péniblement chaque jour afin de te faire jouir en paix de tout ce qui t'environne. Mon administration savante et compliquée, mes juges, mes gendarmes, ma police sont là pour t'assurer toute la sécurité désirable en échange d'une part insignifiante du produit annuel de tes capitaux et de tes propriétés foncières. »

Il y a là, je le répète, un vice qui saute tellement aux

yeux que parmi les privilégiés, il en est plus d'un qui reconnaît la nécessité d'une refonte complète et fondamentale du système actuel de l'impôt.

Quelle serait la réforme idéale ? Celle qui réaliserait, en matière de contributions publiques, l'équité parfaite :

Ce serait de substituer à tout le fatras de taxes, sous le poids desquelles nous plions, L'IMPÔT UNIQUE ET PROGRESSIF SUR LE REVENU.

Oh ! je sais pour l'avoir expérimenté plus d'une fois déjà (il y a vingt ans que je soutiens cette thèse dans la presse et dans le livre) quelles exclamations furibondes, quelles objurgations terribles vont pousser tous ceux que l'impôt unique et progressif sur le revenu atteindrait ! C'est l'abomination de la désolation, c'est la ruine publique inévitable à bref délai, c'est la fuite en masse des capitaux, l'émigration de la fortune que vous proposez là, diront et répéteront les plus enragés. De moins férocement égoïstes s'écrieront : C'est impraticable, c'est une absurdité ; jamais vous n'atteindrez sérieusement le revenu réel de chaque contribuable, à moins que vous n'entouriez vos lois de mesures inquisitoriales profondément vexatoires et arbitraires. Ce serait, ajoute certain économiste, « une pénalité, une répression contre l'épargne et la tempérance, une entrave à la vertu et à la création de la richesse sociale, un impôt inique et nuisible à la société. »

Que de grands mots et combien ils signifient peu de chose !

Je me contenterai de répondre aux détracteurs de l'impôt progressif sur la fortune qu'il existe quelque part, sinon dans plusieurs pays, tout au moins dans un qui n'est pas loin de nous et auquel on peut aisément aller demander quels ont été les résultats de son expérience fiscale. Ce pays, c'est le canton de Vaud (Suisse) où depuis plusieurs années l'impôt en question est appliqué — je ne dirai pas à la satisfaction de ceux qu'il frappe le plus fortement — mais à l'entier contentement de l'immense majorité des contribuables.

Or, voici les renseignements *officiels* que j'ai reçus à ce sujet d'un des hauts fonctionnaires du département des finances vaudois.

Je me hâte de déclarer que l'impôt progressif sur le revenu n'est pas encore, dans le canton de Vaud, l'impôt unique, la seule ressource du trésor public. La Constitution de ce petit État, en établissant, par son article 19, *l'impôt sur la fortune mobilière par catégories*, a laissé au législateur la faculté de continuer à percevoir l'impôt foncier, moyennant abaissement de son taux ou d'instituer aussi des *catégories foncières*. C'est ce qu'a fait le gouvernement vaudois qui, dès 1886, a appliqué également à l'impôt foncier le régime de la progression. Dans l'exposé des motifs que le Conseil d'État présentait au grand Conseil à l'appui de ses propositions, on lit ceci :

« Le Conseil d'État estime que l'un des principaux motifs qui justifient la perception de l'impôt mobilier par catégories, celui qui consiste à frapper plus fortement le superflu que le nécessaire, existe aussi en matière immobilière et qu'ainsi il est équitable d'appliquer en même temps aux deux éléments essentiels de la fortune *un principe dont la justification n'est plus à faire.* (Il y avait déjà quelques années que l'impôt progressif sur la fortune mobilière était appliqué dans le canton de Vaud, sans aucune difficulté ni réclamation sérieuse). L'institution des « catégories foncières » permettra, en outre, de ne pas faire supporter à l'impôt mobilier seul la charge de combler le vide que l'abaissement du taux de l'impôt foncier, prescrit par la Constitution, produira dans les ressources budgétaires. La répartition des charges sera plus égale et plus équitable et l'on peut espérer que tous les contribuables étant appelés à payer POUR CE QU'ILS POSSÈDENT ET SUIVANT CE QU'ILS POSSÈDENT, les charges publiques en seront rendues moins lourdes et qu'ainsi un grand progrès aura été réalisé dans notre domaine économique. »

L'impôt sur le revenu de la fortune mobilière atteint celle-ci en sept catégories, dans la proportion d'un à quatre, proportion justifiée par la puissance productive des capitaux mobiliers agglomérés et la notion de justice qui veut que le superflu soit imposé plus fortement que le nécessaire. Pour la fortune immobilière, le premier de ces motifs faisant défaut, le gouvernement vaudois s'est tenu à la proportion de 1, 1 1/2 et 2 sur les diverses catégories foncières. »

Voici les bases sur lesquelles est établie la loi vaudoise sur l'impôt pour 1892 :

IMPOT FONCIER. Il est perçu sur la fortune immobilière, sous déduction des dettes hypothécaires, un impôt direct d'un franc par mille francs sur la première catégorie (de 1 à 25,000 francs) ; d'un franc cinquante centimes par mille francs sur la seconde catégorie (de 25,001 à 100,000 francs) ; de deux francs par mille sur la troisième catégorie (de 100,001 francs et au-dessus).

IMPOT MOBILIER. Il est perçu un impôt direct *sur la fortune mobilière proprement dite*, de 1 fr. 20 par 1,000 fr. pour la première catégorie (1 à 25,000 fr.); de 1 fr. 80

sur la deuxième (25,001 à 50,000 fr.); de 2 fr. 40 sur la troisième (50,001 à 100,000 fr.); de 3 francs sur la quatrième (100,001 à 200,000 fr.); 3 fr. 60 sur la cinquième (200,001 à 400,000 fr.); de 4 fr. 20 sur la sixième (400,001 à 800,000 fr.); de 4 fr. 80 sur la septième (800,001 fr. et au-dessus).

Sur les rentes et usufruits : de 19 fr. 20 par 1,000 fr. pour la 1re catégorie (1 à 1,250 fr.); de 28 fr. 80 pour la 2e catégorie (1,251 à 2,500 fr.); de 38 fr. 40 pour la 3e catégorie (2,501 à 5,000 fr.); de 48 francs pour la 4e catégorie (5,001 à 10,000 fr.); de 57 fr. 60 pour la 5e catégorie (10,001 à 20,000 fr.); de 67 fr. 20 pour la 6e catégorie (20,001 à 40,000 fr.); de 76 fr. 80 pour la 7e catégorie (40,001 francs et au-dessus).

Sur le produit du travail : de 9 fr. 60 par 1,000 fr. pour la 1re catégorie (1 à 1,250 fr.); de 14 fr. 40 pour la 2e catégorie (1,251 à 2,500 fr); de 19 fr. 20 pour la 3e catégorie (2,501 à 5,000 fr.); de 24 francs pour la 4e catégorie (5,001 à 10,000 fr.); de 28 fr. 80 pour la 5e catégorie (10,001 à 20,000 fr.); de 33 fr. 60 pour la 6e catégorie (20,001 à 40,000 fr); de 38 fr. 40 pour la 7e catégorie (40,001 fr. et au-dessus).

L'exiguïté de cet opuscule m'interdit même une courte analyse des moyens d'application institués par la loi vaudoise. Des économistes très distingués, au talent et à la compétence desquels je me plais d'ailleurs de rendre un sincère hommage, ont prétendu qu'un tel système d'impôts ne serait jamais applicable. Sans parler des grands États où on l'a déjà timidement et partiellement essayé (je ne citerai que l'Angleterre et son *income-tax*), voilà un pays de près de 300,000 âmes qui le pratique à sa satisfaction et qui s'en trouve bien, tant au point de vue de ses finances publiques qu'à celui de l'équité vis-à-vis du contribuable. Pourquoi ce qu'on a pu réaliser en Suisse ne pourrait-on pas le réaliser en France ? M'objectera-t-on encore, comme en matière d'organisation gouvernementale, qu'un grand État comme la France ne saurait s'accommoder de ce qui existe chez un petit peuple ? L'argument serait faible. Je crois qu'en de semblables matières, ce qui se fait en petit peut à bien plus forte raison se faire en grand. Une réforme dans ce sens aurait chez nous des conséquences inappréciables. Non seulement elle satisferait à ce desideratum d'équité qui est la raison d'être de la démocratie et la pierre d'angle du régime républicain ; mais encore, tout en permettant la réduction considérable de l'armée des fonctionnaires, elle procurerait au Trésor des ressources bien supérieures à celles que lui assure le système fiscal actuel si compliqué et si coûteux.

Je sais qu'on ne réalise pas de telles réformes d'un trait de plume. Personne plus que moi ne se rend compte des difficultés de tout ordre et de tout genre avec lesquelles le législateur se trouvera aux prises le jour où il voudra sérieusement se mettre à l'œuvre pour construire le nouvel édifice social. Mais, parce que les difficultés sont grandes, faut-il déserter la lutte et renoncer à les vaincre ? A mon avis, la démocratie française faillirait à son devoir, la France à sa mission — mission d'initiative qui a fait et qui fera encore dans l'avenir, j'en ai la foi profonde, sa gloire immortelle, — si elle ne tentait pas de réaliser sur son sol, et d'en donner ainsi l'exemple à l'univers, le summum de justice sociale, d'égalité et de bien-être pour tous compatible avec l'imperfection humaine.

Pour cela, que chacun y mette du sien ! Que les intéressés au maintien du statu quo fassent des concessions et s'associent aux réformes tentées ; que, de leur côté, les idéalistes renoncent au « tout ou rien » et acceptent les réformes partielles qui nous conduiront par degrés au régime qu'ils conçoivent. C'est ainsi qu'en attendant le jour où la réforme radicale (substitution de l'impôt unique et progressif sur la fortune à toutes les taxes existantes) pourra être décrétée, il convient d'examiner les améliorations qui peuvent être apportées sans retard au système actuel des contributions publiques.

Il est un fait constant, c'est que, dans ce système, la propriété foncière est la plus durement éprouvée. L'injustice, l'arbitraire règnent en maîtres dans la fixation des impôts demandés à la terre. On l'a si bien compris que des efforts sérieux ont été faits ces dernières années pour tenir compte des légitimes réclamations de l'agriculture écrasée de taxes de tout genre et qui lutte péniblement à la fois contre la concurrence de l'étranger et contre les fléaux de la nature. Les Chambres se sont émues de sa situation et, à diverses reprises, elles ont voté des mesures de réparation et de justice dont le pays était en droit d'attendre les meilleurs effets. Hélas ! il en a été de leurs votes en cette matière comme de tant d'autres : le remède a été trop souvent pire que le mal.

Je ne rappellerai que pour mémoire celui de la Chambre des députés relatif à la péréquation de l'impôt foncier, vote rendu sur la proposition de l'honorable M. Bisseuil, député de l'arrondissement de Saintes, qui est demeuré lettre morte. Je sais bien qu'après plusieurs années d'inaction, le parlement s'est enfin décidé à décréter un dégrèvement de la taxe sur la propriété non bâtie. Mais, comment ses intentions ont-elles été traduites dans la pratique ? Comment notre ingénieuse administration a-t-elle appliqué la mesure qui, disait-on, devait rendre inutile la grosse réforme proposée par M. Bisseuil ? C'est ici que nous plongeons une fois encore dans un véritable puits de merveilles.

Il résulte d'une volumineuse correspondance dont j'ai là, sous les yeux, quelques éléments, que le dégrèvement de l'impôt foncier a été à peu près partout appliqué avec le mépris le plus absolu des intentions du législateur. On sait que si, d'une part, la propriété non bâtie devait être dégrevée pour la ramener sur tout le territoire français à un taux uniforme, d'autre part, la propriété bâtie devait être surchargée dans une certaine mesure, afin de combler au moins en partie le vide que le dégrèvement du sol allait produire dans les recettes du fisc. Eh ! bien, la masse des contribuables n'a nullement profité de la réduction de la taxe. Les grands propriétaires campagnards seuls en ont bénéficié, ceux-là seuls qui possèdent de vastes étendues de terrains sur lesquelles il y a peu de bâtiments, car, pour tous les autres, les ingénieuses combinaisons administratives aboutissent à une augmentation d'impôt qui varie de 10 à 20 pour cent dans les campagnes et de 25 à 33 pour cent dans les villes. Il a suffi, en effet, que dans un champ, dans une vigne, sur un lopin de terre quelconque, il y eut une maison, une chaumière, un hangar, n'importe quelle construction que ce fût, pour que le dégrèvement sur la propriété foncière ait été compensé et au delà par la surcharge de la propriété bâtie.

MM. les répartiteurs et contrôleurs ont été jusqu'à surcharger toutes les maisons d'un village, parce qu'un propriétaire de la commune loue pendant la saison d'été une partie de son habitation à un citadin amateur de villégiature. De telle sorte que les malheureux habitants du dit village paient aujourd'hui une contribution correspondante à un revenu qu'ils n'ont jamais touché et ne toucheront jamais. « Si bien que, en dernière analyse, dit Thomas Grimm, et malgré les excellentes intentions de la Chambre des députés et du Sénat, tout le monde, à la ville et à la campagne, se trouve augmenté : les uns beaucoup, les autres un peu, sous le fallacieux prétexte d'un dégrèvement qui ne profite, en réalité, qu'à ceux qui en ont le moins besoin, c'est-à-dire aux grands, très grands propriétaires ruraux, dont les vastes étendues de terrains, forêts, pâturages ou autres, sont, relativement, dénuées de constructions. Mais le petit propriétaire qui habite sur sa terre, et qui s'efforce de la faire valoir tant bien que mal, au prix de pénibles travaux et de sacrifices sans cesse renouvelés, celui pour qui cependant la réduction d'impôts a été spécialement votée, on le surtaxe, on l'écrase sans pitié ni merci, parce qu'il plaît à quelques employés subalternes de faire trop de zèle, tout en interprétant inexactement et *illégalement* la loi. »

C'est ainsi, disait Voltaire, « qu'on travaille un royaume en finances. » Et le *Petit Journal* ajoute avec raison : « C'est aussi, c'est surtout comme cela qu'on ruine un pays. »

Veut-on un exemple des « beautés » du fisc français ? Lisez la lettre que publiait, il y a quelques semaines, l'excellent journal de la rue Lafayette :

« Voici mon cas.

» 1° J'ai une maison depuis le 1er mai (1891) ; je n'ai pas de locataire ; j'y ai un petit logement que j'occupe. Je ne paye pas de ferme, mais je ne retire rien depuis huit mois.

» 2° J'ai quelques champs à la campagne, dont j'ai retiré 300 francs de ferme.

» J'ai fait une pétition à M. le préfet pour me faire enlever un peu des impôts si lourds qui pèsent sur moi. Depuis le mois de juin que j'ai fait cette pétition, je n'ai encore reçu aucune réponse. Mais le percepteur m'a envoyé du papier pour que je finisse de payer ce que je devais. J'y suis allée hier. Combien supposez-vous que j'aie payé pour l'année 1891 ? 205 fr. 35 centimes. *Il me reste donc 94 fr. 65 centimes pour vivre !* J'ai soixante-huit ans, je suis souvent malade, et je suis seule ! »

Thomas Grimm dit avec raison qu'à citer quelques exemples de ce genre on finirait par faire pleurer le plus féroce des anarchistes sur le sort de cette pauvre propriétaire qui, si elle n'a pas d'autres ressources que ses propriétés, mourra de faim un de ces jours, mais avec la suprême consolation d'avoir largement payé sa part de contribution foncière.

Au surplus, je m'en rapporte à la parole de l'éminent rédacteur du *Petit Journal* : « Il en est ainsi partout, dans notre système fiscal. Les petits paient toujours davantage, toutes portions gardées, que les gros. ON ÉCRASE LES MALHEUREUX AU BÉNÉFICE DES RICHES. Et le bon sens populaire a bien raison de s'écrier, avec cette ironie contenue dont il est coutumier : « Au pauvre la besace ! » Tandis que, comme chacun sait : « l'eau va toujours à la rivière. »

Faut-il d'autres exemples de la façon dont les agents du fisc appliquent le prétendu « dégrèvement » de la propriété « non bâtie » ? En voici un qui vient de la Vienne, et il vaut... son pesant d'or. Le propriétaire dont il s'agit a maison à Poitiers et jardin à la campagne. En 1890, il payait pour sa maison de la ville 67 fr. 28, après avoir été surtaxé de 14 fr. 11 sur les deux précédentes années, bien qu'il ait dû baisser de 50 francs la location de son immeuble. En 1891, la cote s'est élevée à 105 fr. 55. Naturellement, le contribuable réclama. Mais, non moins naturellement, l'administration lui répondit par une fin de non-recevoir. Ce qu'il y a de très curieux dans le cas particulier, c'est que pour son jardin à la campagne, notre propriétaire devait payer 19 fr. 90 au lieu de 14 fr. 77 (taxe de 1890)..... toujours le dégrèvement, quoi ! Mais voici qui est encore plus fort. Dans ce domaine, voyez-vous, c'est comme chez Nicollet !

Sentant qu'il perdrait son temps à adresser des réclamations aux autorités compétentes, le contribuable ainsi traité se garda de protester — comme c'eût été son droit d'ailleurs. Ce qui ne l'empêcha pas de recevoir, quelque temps après, avis du rejet *d'une demande de réduction qu'il n'avait point faite*. Plusieurs personnes de sa connaissance n'ayant rien réclamé ont également reçu des réponses officielles — négatives bien entendu — à des demandes qui n'avaient jamais été formulées.

Peut-être ce luxe de réponses à des lettres qu'on

n'avait point écrites a-t-il pour but de faire compensation au religieux silence que garde l'administration dans un si grand nombre de cas !

Comme on le voit, tous les soi-disant progrès que devaient réaliser les timides réformes votées par le parlement en ces dernières années, ont été non seulement des demi-mesures insuffisantes, mais encore ces demi-mesures — contre le vœu des Chambres, je le reconnais — ont pour la plupart abouti à un résultat diamétralement opposé à celui qu'il s'agissait d'atteindre. Loin de dégrever le petit, pour charger un peu plus le gros, l'oisif, l'improductif, l'être inutile qui va coulant la vie douce, sans fatigue et sans soucis matériels, on a aggravé, appesanti le fardeau de ceux qui succombaient déjà sous le faix des charges sociales. Il faut donc ici, comme ailleurs, une rénovation complète qui ne s'obtiendra qu'à la condition d'entreprendre l'œuvre réformatrice avec beaucoup de courage, avec une inébranlable volonté. Si jamais le célèbre mot de Danton fut en situation, c'est bien à propos de réforme fiscale : « De l'audace, messieurs les législateurs, encore de l'audace, toujours de l'audace ! »

Il s'agit d'emporter une forteresse formidable du haut de laquelle le capital nous accable, nous les chétifs, de sa toute puissante artillerie d'écus et de banknotes. Ce n'est que par la sape, et par une sape ingénieuse, que nous en forcerons les approches et finirons par nous en rendre maîtres.

Donc, de la prudence, de la patience et du génie dans l'action !

Pour cela, commençons par attaquer les redans les plus faibles du « burg » féodal dans lequel se sont retranchés messieurs les capitalistes. Si artistement qu'elle ait été construite, la cuirasse d'or de ces modernes gentilshommes a son défaut, soyez-en sûrs. Tout est d'y introduire au moment psychologique un bistouri intelligent. N'allez pas croire qu'en parlant ainsi je nourrisse à leur égard des projets sanguinaires. Dieu m'en garde ! Je ne veux pas plus la mort du « proprio » que celle du plus réfractaire des pécheurs. Seulement je voudrais l'obliger à consentir enfin au profit de ceux qui ont fait ou font sa richesse un partage plus équitable des charges publiques et des revenus sociaux.

Qu'il me soit permis, avant de clore ce chapitre de l'impôt, de parler très brièvement d'un moyen — l'état de choses actuel étant donné — de procurer au Trésor des ressources considérables tout en accomplissant une œuvre de salubrité publique au premier chef.

Je vois d'ici le sourire railleur des sceptiques. — Ah ! çà, vont-ils s'écrier, vous êtes donc l'inventeur de la Panacée universelle ? Non seulement vous prétendez guérir la société de ses maux matériels, mais encore vous aspirez à lui procurer des remèdes moraux ! Et pourquoi pas ? Ce n'est pas si difficile que se le figurent les sectateurs de sainte Routine. D'ailleurs je n'offre pas chat en poche, ni des remèdes ignorés de la Médecine sociale et qui n'aient jamais guéri aucun État. Ceux que je soumets à l'étude de mes contemporains et à l'examen attentif de nos guérisseurs patentés ont fait ailleurs leurs preuves incontestables et incontestées.

Il s'agit du monopole de l'alcool, proposé naguère par M. Alglave dans un remarquable travail auquel je renvoie le lecteur qui voudrait sur ce sujet des informations circonstanciées, et qui fait depuis 1885, en Suisse, l'objet d'une régie d'État.

On sait quels désordres produit au sein de nos populations urbaines l'alcoolisation qui va étendant de jour en jour ses ravages et pénètre même jusqu'au cœur des campagnes les plus reculées. Il n'est pas un médecin qui ne déclare qu'à l'abus des liqueurs alcooliques doivent être imputées la plupart des graves maladies dont souffre l'humanité. Or, ce qui est incontestable aussi, c'est que les terribles effets toxiques produits par cette absorption exagérée de boissons spiritueuses ont pour cause première la mauvaise qualité des alcools avec lesquels elles sont fabriquées. Quand le monopole de l'État n'aurait pas d'autre conséquence que celle d'assurer la livraison au commerce d'alcools convenablement rectifiés, débarrassés ainsi de leurs propriétés toxiques les plus efficientes, ne serait-il pas déjà largement justifié ? Il y a plus : l'exemple que nous fournit la Suisse démontre que non seulement le monopole de l'alcool y a atteint ce but de salubrité publique, mais encore qu'il a eu pour résultat à la fois d'y diminuer la consommation des liqueurs fortes et de procurer au Trésor fédéral des ressources relativement considérables.

Voici ce qu'on peut lire à ce sujet dans le Message du Conseil fédéral à l'Assemblée fédérale suisse, en date du 20 novembre 1888 :

« Dans notre message du 8 octobre 1886, nous avions évalué à 150,000 hectolitres d'alcool absolu, au minimum, la consommation annuelle de la Suisse en spiritueux de tout genre. Dans le même message, nous exprimions l'espoir que, sous l'influence de la législation fédérale, la consommation annuelle des spiritueux tombant sous le coup de cette législation descendrait, dès les premières années, à 120,000 hectolitres. Cette hypothèse a servi de base au projet de loi adopté le 18 octobre 1886 par la commission du Conseil national instituée *ad hoc*, projet qui, dans ses traits principaux, est devenu le fondement du monopole de l'alcool tel qu'il existe aujourd'hui.

» Or, les expériences qui ont été faites depuis l'introduction de ce monopole démontrent que la législature fédérale, en connexité avec d'autres éléments dont l'action se liait à la révision constitutionnelle du 25 octobre 1885, a déjà eu pour conséquence une diminution beaucoup plus forte qu'on ne le prévoyait et qu'on ne pouvait le prévoir alors de la consommation de l'eau-de-vie, et il y a des indices qui font supposer comme probable que cette diminution de consommation présentera à l'avenir un caractère constant.

» Les motifs de cet effet considérable sur les besoins du pays en spiritueux sont de nature diverse. Toutefois, nous constatons avec satisfaction que l'on peut en première ligne y faire rentrer une diminution réelle de la boisson consommée. »

Ces considérations « d'ordre moral » mises de côté, il reste certain que le monopole de l'alcool a eu en Suisse des conséquences heureuses de plus d'un genre. Si l'on veut n'envisager que ses résultats pécuniaires, ceux-ci suffisent à eux seuls pour en démontrer *l'utilité*. Ils permettent d'affirmer qu'administré en France d'une main ferme, ce monopole produirait des sommes importantes, dont le budget des recettes serait grossi sans qu'il fût possible, même aux esprits les plus grincheux, d'y trouver matière à critique. En tenant compte de la fraude à laquelle il porterait un coup néfaste, fraude que des spécialistes compétents évaluent à plus de CENT MILLIONS par année, je ne crois pas exagérer en estimant à près d'un DEMI-MILLIARD le bénéfice net qu'y trouverait le Trésor, étant donnés les prix de vente actuels. Ai-je besoin de dire, en terminant, que ce n'est point là, pour moi, l'idéal ? Je me rallie par pure nécessité à certains moyens transitoires qui doivent, semble-t-il, nous aider à traverser sans secousses par trop brusques la période intermédiaire entre ce qui existe et ce qui existera... dans un quart de siècle. Le monopole de l'alcool n'est qu'un de ces moyens — et il a le mérite, selon moi, de résoudre à la fois deux fractions du problème : salubrité publique et augmentation des ressources nationales. — Voilà pourquoi je le préconise. Il y en aurait d'autres du même genre à énumérer. Le cadre restreint que je me suis tracé pour ce premier essai de propagande populaire m'impose l'obligation d'en rester là et d'ajourner à d'ultérieures publications le développement des idées contenues en germe dans le présent opuscule.

Conclusions.

« Dans un pays comme la France, disait, il y y a quelques jours, un écrivain de grand mérite, M. Léon Bigot [1], on ne doit pas mourir de faim. Or, la statistique est épouvantable. Il y a eu des morts d'hommes, de femmes et d'enfants par inanition, en France particulièrement, et dans toute l'Europe, en nombre considérable, ces dernières années.

» *Le socialisme d'État est, certes, une sottise.* L'État ne doit donner que la liberté aux citoyens : il n'a pas à leur donner du pain. Mais l'initiative privée qui fait des merveilles quand il s'agit de charité pourrait fort bien, AIDÉE PAR L'ÉTAT ET PROTÉGÉE PAR LUI, se prodiguer pour assurer le pain aux faibles, aux déshérités, aux hommes que le crime attend, aux femmes que guette la débau-

1. Voir l'*Estafette* du 20 mai 1892.

che, aux petits êtres aussi qui n'ont pas demandé à naître.

» Il est prodigieux, au point de vue philosophique, de penser que des fortunés ont toujours assez d'or pour faire *la fête* et n'ont jamais assez d'argent pour empêcher une pauvresse de mourir de faim sur un banc...

» L'égoïsme est à ce point dominant que l'on remarque peu cette monstruosité, qu'on la trouve normale et qu'un homme riche ne passe pas pour gredin lorsque, après avoir refusé deux sous à un grelotteux, il allume un cigare de deux francs sans que sa conscience crie et que son cœur saigne ! »

Je ne voudrais pas discuter sur les mots. Il me sera permis cependant de faire observer à M. Léon Bigot qu'on pourrait aisément le convaincre sinon de contradiction avec lui-même, tout au moins d'argumentation élastique. Si « le socialisme d'État est une sottise », si l'État ne doit aux citoyens que la liberté, en vertu de quels principes et de quelles règles devra-t-il venir en aide à l'initiative privée ; dans quelle mesure la protègera-t-il pour qu'elle « assure le pain aux faibles, aux déshérités, etc. ? » Ce serait le cas de se demander où finit l'initiative privée et où commence le rôle de l'État en pareilles matières. L'éminent philosophe me paraît avoir essayé d'atténuer la vigueur et l'éloquence de son apostrophe adressée aux fortunés qui font *la fête*, en jetant à l'hydre bourgeoise l'os du socialisme d'État. Bienheureux os, que de théoriciens dans l'embarras tu as sauvés de la dent du monstre !

Depuis que le monde existe et qu'il y a sur la terre des sociétés organisées, gouvernées, l'État ne fait-il pas du socialisme ? Qu'est-ce, sinon du socialisme d'État, que l'organisation des pouvoirs judiciaires pour réprimer les attentats à la personne humaine ou à la propriété ? Que l'institution de la gendarmerie et de la police pour exécuter les arrêts de la justice ou prévenir les contraventions aux lois ? Que l'organisation de l'armée pour défendre le pays contre les irruptions du voisin ? Que les règlements de police urbaine pour établir l'ordre dans la cité et combattre efficacement les fléaux de tous genres qui ne tarderaient pas à la décimer et à la détruire, si le gouvernement et la commune abandonnaient « l'initiative privée » à ses fantaisies coupables ou absurdes ? Il suffit de se reporter par la pensée à ce qui existait il y a quelque trente ans pour apprécier à sa juste valeur le mérite de cette liberté individuelle tant vantée. Nos vieilles cités aux ruelles étroites et obscures, sales et tortueuses, aux taudis infects dans les recoins desquels l'immonde microbe guettait sa proie humaine, n'en étaient-elles pas le produit spontané et peu brillant ? A qui devons-nous, en revanche, ces villes, ces bourgs, ces villages mêmes, aux rues larges, aérées et salubres, aménagées au mieux des intérêts et du plaisir publics, sinon à ce pelé, à ce galeux que la gent doctrinaire croit avoir foudroyé de son dédain quand elle l'a qualifié de cette suprême injure : SOCIALISME D'ÉTAT !

Eh ! je le répète, nous ne faisons que cela depuis des milliers d'années ! Seulement, ce que les privilégiés oublient trop, c'est qu'on n'a fait jusqu'ici du socialisme d'État qu'au profit du petit nombre de ceux qui détenaient le pouvoir ou en occupaient les avenues. Or, il est temps que cela change. Nous ne demandons pas qu'on retourne la formule, que le socialisme d'État s'exerce à l'avenir au profit seul de ceux qui ont été jusqu'à ce jour déshérités de ses faveurs, mais qu'on répande celles-ci sur tous les membres de la société humaine, les plus infimes comme les plus éminents.

Que serait-il arrivé, je le demande, si l'on avait attendu, pour le lui offrir ou même le lui imposer, que l'initiative individuelle réclamât le bénéfice de l'instruction et de l'hygiène publiques ? L'humanité grouillerait encore dans l'ignorance la plus crasse et dans les cloaques infects où florissaient jadis la lèpre et la peste. Le rôle de l'État est de devancer les besoins, et en cela il ne fait pas autre chose que de l'initiative collective, avec des chances de faire mieux que l'initiative privée, parce qu'il s'attache à des besoins plus généraux. Herbert Spencer, l'illustre philosophe anglais, combat avec vigueur ce que l'on désigne aujourd'hui sous le nom d'*étatisation* des services publics. Il condamne partout l'intervention de l'État et préconise l'affranchissement complet de l'individu. En soutenant cette thèse, il n'envisage pas les progrès de l'esprit d'association, qui résultent de l'évolution irrésistible des tendances sociales et des progrès de l'industrialisme. Avec Gustave Belot, « pourquoi ne verrait-on pas dans l'État le terme de cette tendance associative, la plus puissante et la plus ample des associations ? Au lieu de n'envisager dans l'État qu'un gouvernement qui règne sur la nation, ne peut-on y voir la nation se gouvernant elle-même ?... Il restera sans doute à se demander quels genres de services cette grande association sera le plus apte à rendre ; il faudra beaucoup de prudence à mettre en mouvement une si vaste et si lourde machine. Mais enfin nous ne voyons rien, en droit, qui en condamne absolument l'usage et qui limite nécessairement le rôle de l'État (ou de la Commune) comme puissance collective de production et d'entreprise. »

Reprenant un argument d'Herbert Spencer et l'élargissant dans sa portée, on peut affirmer que la « fonction » de l'État se justifie partout où elle correspond à l'universalité du besoin qu'elle est appelée à satisfaire. Dès lors tout intérêt général, dans la mesure même de sa généralité, peut être confié à l'État. Songerait-on aujourd'hui à rendre les postes à l'initiative privée ? Les concessions de chemins de fer n'ont-elles pas fixé le jour où ce grand service public deviendra — ce qu'il devrait être déjà depuis longtemps — la chose de l'État ? A part quelques esprits férus de fétichisme individualiste, est-il beaucoup de gens qui ne reconnaissent pas à l'instruction publique le caractère d'un intérêt universel et égal pour tous ? Et combien d'autres services du même genre, ayant les mêmes caractères d'utilité générale incontestable, pourraient être ajoutés à cette liste ! Le nombre s'en accroît sans cesse, à mesure que les hommes se rendent mieux compte de la solidarité des intérêts dans la vie sociale.

Un fait patent, indéniable, c'est que le socialisme d'État, ou si l'on veut l'intervention de l'État en faveur des classes déshéritées, a fait depuis quelque temps un chemin énorme dans les esprits. Il a pénétré jusque dans des sphères qui semblaient devoir lui être à jamais fermées. Les noms seuls de Guillaume II, empereur d'Allemagne, et de Léon XIII, souverain-pontife de Rome, sont là pour l'attester. N'a-t-il pas fallu que le spectacle des misères sociales fût bien navrant pour qu'il arrachât au pape cette exclamation qui nous donne la clef de ses enseignements les plus récents :

« En présence de ces ouvriers épuisés avant l'heure par le fait d'une cupidité sans entrailles, on se demande si les adeptes de cette civilisation sans Dieu, au lieu de nous faire progresser, ne nous rejettent pas de plusieurs siècles en arrière, nous ramenant à ces époques de deuil où l'esclavage écrasait une si grande partie de l'humanité et où le poète s'écriait tristement : « Le genre humain ne vit que pour quelques rares privilégiés — *Humanum paucis vivit genus.* »

Que disait, de son côté, le cardinal Manning peu de temps avant de mourir ? « La puissance du capital peut être appréciée par ce fait que, sur cent grèves, il n'y en a pas plus de cinq ou six qui aient tourné en faveur des travailleurs. Leur dépendance est si complète, la faim et les souffrances de leurs familles composées de faibles femmes et d'enfants sont si intolérables, si impérieuses, que le conflit entre le capital vivant et le capital mort est des plus inégaux, et la liberté du contrat, dont l'économie politique se glorifie, n'existe pour ainsi dire pas. »

Ai-je encore besoin d'autres citations de paroles autorisées ? J'en emprunte une dernière au *Socialisme contemporain* d'Émile de Laveleye, qui terminait ainsi la préface de cet important ouvrage :

« Dans tous les pays et dans toutes les classes se forme la conviction que le partage des biens de ce monde ne se fait pas conformément à notre notion actuelle de la justice distributive, et que la part qui revient aux ouvriers, dans le produit total, n'est pas en proportion du concours qu'ils apportent à l'œuvre générale de la production de la richesse. »

*
* *

Trouver le moyen d'organiser la société de façon à y introduire cette justice distributive au plus près possible de la perfection : telle sera la tâche du législateur de demain. Or, qu'on y prenne bien garde : si ceux auxquels le peuple confiera le difficile mandat d'apporter aux maux présents les remèdes nécessaires reculent devant cette tâche, c'est à bref délai la plus épouvantable des liquidations qui aura jamais bouleversé le monde ! Nul ne conteste que l'œuvre réformatrice sera malaisée et qu'elle n'ira pas sans de rudes expériences ; qu'il faudra concilier à la fois, pour résoudre les graves problèmes qu'elle comporte, l'Idée et la Matière, humaniser les procédés féroces de la concurrence des individus dans une lutte pour la vie qui se retourne contre la vie même, modifier le jeu brutal des énergies individuelles tout en favorisant et en développant l'essor de ces énergies, tenir le juste milieu entre le système qui a permis au riche de jouir égoïstement de ses biens et celui qui consisterait à lui demander au delà de ce que réclame la justice.

Eh ! bien, le devoir de tout bon citoyen qui a une idée à émettre dans ce sens, un plan de réorganisation sociale à proposer est de parler, d'écrire, de donner le jour à ses vues personnelles. C'est à ce sentiment que j'obéis en publiant le fruit de mes méditations et de mes lectures. En prêchant l'accord entre les classes, en recommandant les solutions légales et pacifiques de cette grave question sociale qui apparaît à l'horizon comme le spectre de Banco, je songe avant tout au péril extérieur qui nous menace. Riches et pauvres, capitalistes et ouvriers, gouvernants et gouvernés, n'oubliez pas ce péril ! Que votre patriotisme vous inspire à tous des pensées de justice, de conciliation et d'entente, afin que vos actes soient toujours conformes aux véritables intérêts de la patrie !

Il s'agit de mieux réaliser la formule de la justice : à chacun suivant ses œuvres, et c'est le but que se proposent les nombreux plans de réorganisation sociale qui ont vu le jour en ces dernières années. Parmi tous ces plans, il en est un concernant plus spécialement *l'organisation du travail* et *l'assurance sociale* que je trouve formulé dans le *Socialisme intégral* de Benoît Malon et qui me paraît digne de l'examen attentif d'un parlement progressiste. En voici l'analyse succincte:

Limitation de la journée du travail à huit heures pour tous les travailleurs ;

Interdiction du travail des enfants au-dessous de quatorze ans et limitation du travail des jeunes gens des deux sexes au-dessous de dix-huit ans à six heures par jour ;

Suppression du travail de nuit à l'exception des branches d'industrie dont la nature exige un fonctionnement ininterrompu ;

Suppression du travail des femmes dans toutes les branches d'industrie qui détruisent le plus l'organisme féminin ;

Suppression du travail de nuit pour les femmes et les jeunes gens au-dessous de dix-huit ans ;

Un repos ininterrompu de trente-six heures au moins par semaine pour tous les travailleurs ;

Suppression de certains genres d'industrie et de certains modes de fabrication préjudiciables à la santé des travailleurs ;

Suppression des coopérations patronales ;

Inspection de tous les ateliers et établissements, y compris l'industrie domestique, par des inspecteurs rétribués par l'État et qui doivent être élus au moins pour moitié par les ouvriers eux-mêmes ;

Création d'un *Ministère de l'assurance sociale* qui assumerait la direction de deux grands services publics :

1° Les assurances concernant les personnes ;

2° Les assurances concernant les animaux et les biens;

Transformation en service public productif des monopoles de fait que gère spontanément et développe le système capitaliste.

Je me borne à indiquer les points essentiels de ce programme, laissant au lecteur qui voudrait l'étudier à fond le soin de se renseigner plus complètement en prenant connaissance du remarquable ouvrage de B. Malon : *Le socialisme intégral, des réformes possibles et des moyens pratiques*; Félix Alcan, éditeur.

On ne saurait trop répandre dans les masses les idées que défend l'École socialiste dont cet écrivain est le représentant le plus qualifié. C'est, en effet, par la méthode des réformes progressives qu'on atteindra sûrement le but que se proposent le penseur et le philosophe. Comme lui j'estime qu'il faut repousser la doctrine du « tout ou rien » qui est malheureusement la formule d'une école très influente en Allemagne et ailleurs, car elle institue une politique dangereuse qui n'aboutit à rien moins qu'à chauffer la chaudière jusqu'à ce qu'elle éclate. Tandis que les révolutionnaires fondent leur action sur la guerre des classes, nous désirons et nous voulons l'accord entre tous les hommes. Combien il serait à souhaiter que le langage de ceux qui pensent de cette façon soit entendu des foules et que le socialisme cessât ainsi d'apparaître comme un moyen employé par certains « exploiteurs » pour échafauder leur candidature ou se faire des rentes sur les misères du chômage! Tout en constatant que la République « bourgeoise » est loin d'avoir réalisé les promesses contenues dans son programme, je crois que si les travailleurs le veulent bien, ils finiront par obtenir d'elle les réformes nécessaires. Ils n'ont pour cela qu'à user intelligemment de leur bulletin de vote.

*
* *

Avant de terminer, je voudrais dire quelques mots d'un sujet palpitant et qui préoccupe à bon droit les patriotes français. On a déjà deviné qu'il s'agit de cette plaie toujours saignante que nous a faite l'amputation de l'Alsace et de la Lorraine.

Depuis quelque temps, surtout depuis le grand événement qui eut Cronstadt pour théâtre et qui a cimenté entre la Russie et la France une entente que commandaient d'ailleurs les intérêts bien entendus des deux pays, il s'est fait comme une sorte de silence sur cette brûlante question. Y pensons-nous moins? Certes non, mais la France sûre d'elle-même, confiante dans sa force et dans la justice immanente des choses, obéit aux sages injonctions du grand patriote qui ne désespérait pas de recouvrer les deux chères provinces perdues et qui s'écriait si judicieusement : « Pensons-y toujours, n'en parlons jamais. »

Est-ce à dire qu'il faille nous endormir dans l'indifférence ou dans une sécurité trompeuse ? A Dieu ne plaise ! Nous ne devons pas oublier qu'au delà des Vosges et des Alpes on ne cesse de faire de prodigieux efforts pour assurer à la « Triple alliance » la supériorité militaire et diplomatique, la force matérielle et la force morale, ces facteurs de la victoire. L'union étroite des trois grandes puissances du centre de l'Europe dissimule sous sa fallacieuse étiquette de *Ligue de la paix* le véritable but de ses combinaisons, lesquelles ne tendent à rien moins qu'à perpétuer l'iniquité dont nous avons été les victimes et qu'a consacrée l'inoubliable traité de Francfort. Mais, comme toute institution fondée sur la violence, celle-ci a ses points faibles, ses fissures, qui vont s'élargissant chaque jour et qui menacent l'édifice d'une destruction prochaine. Déjà l'Italie épuisée, râlant sous le poids des charges énormes que lui impose son alliance avec l'Allemagne et l'Autriche, s'agite et proteste contre la politique étrangère de ses gouvernants. Que sortira-t-il de cette agitation qui menace la « Triplice » dans ses œuvres vives ? Il faut s'attendre à tout et tout prévoir.

Je me garderai d'affirmer qu'à Berlin, à Rome et à Vienne l'on caresse l'idée d'une guerre prochaine ; mais, ne nous le dissimulons pas, tout y pousse les trois gouvernements acculés à des difficultés inextricables qu'une lourde paix armée accroît d'heure en heure. La volonté de Guillaume II, très activement secondée par Humbert et François-Joseph, est de saisir la première occasion propice pour nous écraser s'il se peut. La situation créée par l'événement de Cronstadt n'a fait qu'aiguillonner l'impatiente ardeur du jeune souverain allemand. Sans doute, il agit avec une extrême prudence, mais sa modération actuelle n'est qu'un trompe-l'œil destiné à masquer ses préparatifs militaires et à lui aider à paraître provoqué quand l'heure de déchaîner le terrible conflit sera venue. Le revirement de l'empereur d'Allemagne dans la question religieuse et son attitude actuelle vis-à-vis de la papauté sont un symptôme caractéristique qui ne saurait trop appeler notre attention.

Ayons donc l'œil ouvert et ne perdons jamais de vue les graves conjonctures dans lesquelles nous pourrions nous trouver d'un instant à l'autre. Tout en assurant par notre conduite extérieure le maintien de la paix en Europe, soyons prêts à la guerre et fermement résolus si elle éclate à faire tout notre devoir, sans marchander à la patrie ni notre or ni notre sang.

*
* *

Dimanche prochain, à Nancy, non loin de cette frontière vers laquelle sont tournés les regards du monde entier, parce qu'on sait de quel poids l'état de choses créé en 1871 pèse dans les aléas de l'avenir, nous célèbrerons des fêtes patriotiques dont l'éclat sera d'autant plus grand que l'homme si justement estimé qui préside aux destinées de notre pays les honorera de sa présence. On conçoit sans peine que ces fêtes, qui attesteront devant l'univers le relèvement de la patrie française et la foi de tous ses fils dans l'avènement prochain de la justice internationale, aient vivement ému l'opinion publique de l'autre côté du Rhin. Mais cette émotion a pris sous la plume de certains écrivains et dans la bouche de quelques orateurs allemands tous les caractères d'une véritable explosion de rage. Pourquoi tant de bruit autour d'une chose si simple et si naturelle ? Pourquoi ces accès d'épilepsie à propos d'une manifestation pacifique ? La nation française n'a-t-elle pas le droit d'exprimer par de patriotiques réjouissances le sentiment qu'elle a d'avoir reconquis sa place au soleil de l'Europe ? Qui pourrait reprocher à son chef vénéré d'y porter le témoignage de l'union de tous les Français dans cette si consolante et si légitime pensée de grandeur nationale et de confiance dans l'avenir ?

Nous sommes-nous livrés à de telles explosions de colères, à de telles injures, quand il a plu au jeune souverain d'Allemagne, au bouillant

Guillaume II, de venir parader à deux pas de nos frontières devant le front des formidables armées dont il couvrait le sol de l'Alsace et de la Lorraine ?

Et cependant entre ces deux genres de manifestations, quelle est celle qui mériterait le plus justement le reproche d'être une provocation et une menace ?

Comme, il y a un mois à peine, les socialistes de France prouvaient au monde qu'on s'était bien à tort défié d'eux, qu'ils connaissent et savent pratiquer leurs devoirs de citoyens d'un pays libre, de même tous les patriotes réunis demain à Nancy prouveront par leur attitude — j'en ai non seulement l'espoir mais la conviction absolue — qu'ils n'oublient pas ce qu'ils doivent à la patrie, au monde entier qui nous guette d'un œil anxieux, ce qu'ils se doivent à eux-mêmes.

Et le 5 juin se passera, ainsi que s'est passé le 1er mai, aux applaudissements de l'univers, étonné de notre assagissement, peut-être un peu jaloux de la glorieuse auréole que ces deux journées auront mise au front de la démocratie française.

Si l'on pouvait douter de cette sagesse, dans laquelle j'ai foi, il n'y aurait qu'à signaler aux imprudents capables de compromettre notre situation actuelle, le langage que tiennent hors de France des hommes impartiaux, des juges autorisés, parce qu'ils sont à la fois désintéressés et haut placés dans l'estime du monde.

M. Tallichet, l'éminent directeur de la *Bibliothèque universelle et Revue Suisse* insistait tout récemment dans son journal sur cette vérité « que l'Allemagne n'a pas tiré de sa conquête la moindre force et le plus petit profit. » Le moment est proche, ajoute-t-il, où « l'Allemagne devra songer à l'abandon d'une terre qui pèse sur sa prospérité et de régler à l'amiable un différend qui assombrit le ciel européen. » Un autre penseur de ce noble petit pays qui nous a tant de fois prouvé sa profonde sympathie et qui l'affirmait en 1871 par des actes dont personne en France n'a perdu la mémoire, M. Charles Secrétan, directeur de la *Gazette de Lausanne*, écrivait il y a quelques jours :

« La veillée d'armes de cinquante ans annoncée avec une maligne satisfaction par un vieux soldat n'est pas encore écoulée. Mais comme bien avant ce terme l'impossibilité de maintenir le statu quo sera manifeste à tout le monde, comme l'Allemagne aussi bien que la France doivent comprendre que le choix entre la paix et la guerre ne dépend plus de leur volonté, mais que l'ordre de s'entre-détruire peut leur venir à chaque instant d'ailleurs aussi longtemps que l'état présent subsiste, nous voudrions supplier les Allemands, aujourd'hui positifs et de tout temps réfléchis, de se demander à eux-mêmes et de dire au monde, qui souffre et qui tremble, quels motifs leur interdiraient d'entrer jamais en arrangement.

» Si c'est l'intérêt de l'Empire, il faudrait le faire comprendre, en corrigeant notre calcul. Sont-ce des raisons de sentiment? Quels sentiments, si l'intérêt véritable du pays parle en sens contraire? Serait-ce l'orgueil? Si ce n'est pas l'orgueil, qu'est-ce donc? Et si c'est l'orgueil, que vaut l'orgueil comme motif de nos actions? Il serait bien, croyons-nous, qu'au pays de la pensée, chacun, chef du peuple ou simple citoyen, s'interrogeât lui-même sur ces questions. Il serait bon que la réponse à ces questions fût distinctement donnée, sans grands mots et sans lieux communs.

» Il ne suffirait pas de dire : « Nous ne voulons pas », *il faut dire pourquoi vous ne voulez pas*. Le dédain est parfois une façon commode de s'épargner quelque peine ou de déguiser quelque embarras, mais ici le dédain n'est pas de mise, car ce ne sont pas quelques hommes obscurs qui sollicitent de l'Allemagne un tel examen de conscience, C'EST L'HUMANITÉ ! »

De si sages paroles seront-elles entendues de ceux auxquels s'adresse le vaillant écrivain suisse? Il serait peut-être un peu hasardeux d'y compter. Mais on est en droit de beaucoup attendre de l'inexorable logique. Or si jamais il y eut quelque part de la logique, c'est bien dans l'éloquente adjuration que l'on vient de lire.

Quoi qu'il en soit, notre devoir à nous autres Français est tout tracé. En face du péril extérieur, comme en présence des difficultés du dedans, il faut que nous ne soyons tous qu'un seul cœur, une seule âme ; que nous nous fassions les uns aux autres les concessions indispensables pour que règnent en notre pays la justice et la concorde.

Ne l'oublions pas : la France de demain sera ce que nous la ferons, avilie et méprisée si nous n'écoutons que nos passions et nos intérêts personnels, grande et prospère entre toutes les nations si nous savons sacrifier ces intérêts et ces passions au bien de la patrie.

Modifiant une dernière fois la célèbre parole de Danton, j'adjurerai en terminant tous mes compatriotes, riches ou pauvres, puissants ou misérables, de donner pour règle à toutes leurs actions :

Du patriotisme,
Encore du patriotisme,
Toujours du patriotisme !

31 mai 1892.

La Rochelle, Imprimerie Nouvelle Noël Texier.

www.ingramcontent.com/pod-product-compliance
Ingram Content Group UK Ltd.
Pitfield, Milton Keynes, MK11 3LW, UK
UKHW012226240726
13966UKWH00003B/965